監修者——加藤友康／五味文彦／鈴木淳／高埜利彦

［カバー表写真］
法隆寺西院伽藍

［カバー裏写真］
聖徳太子孝養像

［扉写真］
聖徳太子および二王子像
（「唐本御影」）

日本史リブレット人004

# 聖徳太子

## 倭国の「大国」化をになった皇子

*Ohira Satoshi*
大平 聡

目次

▼**聖徳太子および二王子像**（「唐本御影」）　二王子は、左が山背《やましろの》大兄王《おおえのみこ》、右が殖栗《えくり》王と伝えられる。

## 見直される「聖徳太子」

ある年齢以上の人びとにとって、〝聖徳太子（五七四〜六二二）〟は歴史上の有名人物であると同時に、高額紙幣の代名詞として思い起こされることであろう。すでにその姿は紙幣から消え、紙幣の聖徳太子を知る世代も消えていく。しかし、それにもかかわらず、「聖徳太子」の名は、学校教育から日本史がなくならないかぎり、広く「日本国民の常識」として受け継がれていくであろう。近年古代史学界で「聖徳太子」像の見直しが提唱されているものの、推古《すいこ》女帝《じょてい》のもと、当時の最高・最先端の文化であった仏教に深い造詣を有し、皇太子として天皇にかわって実際の政治運営にあたった人物として、「唐本《とうほん》御影《みえい》」と呼びならわされてきた「聖徳太子および二《に》王子《おうじ》像《ぞう》▲」（扉写真参照）によって具体化され、人びとに記憶され続けていくであろう。

『日本書紀《にほんしょき》』▲および数々の「聖徳太子伝」によって形づくられてきた「聖徳太子」像の見直しは、戦前から行われてきた。なかでも小倉豊文の研究は特筆されるのだが、刊行直前、一五年戦争末期の戦火によって失われてしまったことが惜しまれる。戦後、その一部は口述筆記によって出版されたが、それが「聖徳太子」像の見直しという潮流を生むことはなかった。

現在にいたる「聖徳太子」像見直しの研究動向について述べる前に、それより以前になされた二つの指摘に注目しておきたい。一つは、聖徳太子の仏教造詣の深さを証明する確かな根拠としてあげられてきた『勝鬘経義疏《しょうまんぎょうぎしょ》』▲の、太子撰説を疑う藤枝晃の疑問であり、今一つは、紙幣の図柄の原型を提供した「唐本御影」に対する、今枝愛真の疑問である。

藤枝は、太子撰とされる『勝鬘経義疏』が、敦煌《とんこう》で発見された『勝鬘経』注釈書の一本と七割近く同文であることが確認されたことから、太子撰を疑い、中国からもたらされた可能性を指摘した。

また、今枝は、図像面の表具の上に「川原寺《かわらでら》」と読める文字がみえると指摘し、

▼**『日本書紀』**　日本最初の官撰《かんせん》国史。七二〇(養老四)年、舎人親《とねりしん》王《のう》らにより完成。全三〇巻。同時に完成したという系図一巻は現存しない。

▼**『勝鬘経義疏』**　求那跋陀羅《ぐなばつだら》訳の『勝鬘経』の注釈書。聖徳太子撰の三経義疏の一つとされる。文中にみえる「本義」の原本を、敦煌発見の『勝鬘経義疏本義』とする説がある。

**南無仏太子像**　太子二歳のとき、東方に向かって合掌し、「南無仏《なむぶつ》」と唱えたという姿をあらわす。

本図はもともと川原寺に伝来したものであり、法隆寺《ほうりゅうじ》に移ってから、図像の人物を聖徳太子とする説が起こったと、初め『朝日新聞』紙上に発表して、大きな反響を呼んだ。

今枝の疑問は、東野治之の「唐本御影」の表装に関する詳細な検討により解消された。しかし、この図像がいつごろ、誰を(なにを)描いたものかは、依然として検討課題とせねばならない。藤枝の疑問は、太子の仏教理解に関する詳細な検討の必要性を問題提起しているが、太子と仏教の関わりを否定するものではない。

「聖徳太子はいなかった」という衝撃的フレーズに象徴される、現在の聖徳太子像見直しの研究動向には、二つの源が求められる。一つは、「皇太子」制の成立をめぐる議論であり、今一つは、『日本書紀』の編纂過程をめぐる議論である。本書は、基本的に「皇太子」制成立の観点から聖徳太子の実像に迫り、聖徳太子の時代、すなわち推古女帝の在位した六世紀末から七世紀初めがどのような時代であったかを考えることを目標とする。しかし、一般の歴史愛好者のあいだにも広く認識されている、『日本書紀』編纂時の政治動向研究に起点をおく、聖徳太子否定論」から離れて論ずることはできない。そこで本書は、まず、聖徳太子の名号《みょうごう》から太子の実在の姿を確認し、次に太子の政治的位置・役割を探り、そして最後に太子の時代を考えるという手順を踏むこととしたい。なお、本書では叙述上、混乱を避けるため、「聖徳太子」「太子」をもって表記することをあらかじめお断わりしておく。

# ①聖徳太子の名号

## 「聖徳太子」の名号

聖徳太子はさまざまな名号《みょうごう》をもって記されているが、そもそも「聖徳太子」は生前の名ではない。七三八（天平《てんぴょう》十）年ごろに成立した大宝令《だいほうりょう》の注釈書『古記《こき》』▲は、文書の書式などを規定した公式令《くしきりょう》の本文「天皇謚《てんのうし》」に次のような注釈を加えている。

一に云わく。上宮太子《かみつみやのたいし》、聖徳王《しょうとくおう》と称する類《たぐい》。

つまり、「天皇の謚《おくりな》」とは、上宮太子にあたえられた「聖徳王」という呼び名の類だというのである。ここで二つのことに注目しておきたい。それは「聖徳王」が死後にあたえられた名であること、それとは逆に、「上宮太子」は生前に用いられた呼称である可能性が高いということである。ただし、『古記』が「聖徳太子」でなく、「聖徳王」と記している点に留意したい。これは『聖徳太子伝私記』▲（『古今目録抄《ここんもくろくしょう》』）に引用された「法起寺塔露盤銘《ほうきじとうろばんめい》」の冒頭、「上宮太子聖徳皇」に通じるものである。末尾に記されたこの露盤の製作年次「丙午年《へいごのとし》」は七〇六（慶《けい》

▼**『古記』** 貞観《じょうがん》年間（八五九～八七七）、惟宗直本《これむねのなおもと》が養老令注釈書を集成して作製した『令集解《りょうのしゅうげ》』に収録された一本で、唯一、大宝令を注釈している。

▼**『聖徳太子伝私記』** 十三世紀前半、法隆寺の僧顕真《けんしん》によって著わされた聖徳太子伝の一つで、上下二巻よりなる。

**『上宮聖徳法王帝説』** 現存する最古の聖徳太子の伝記。

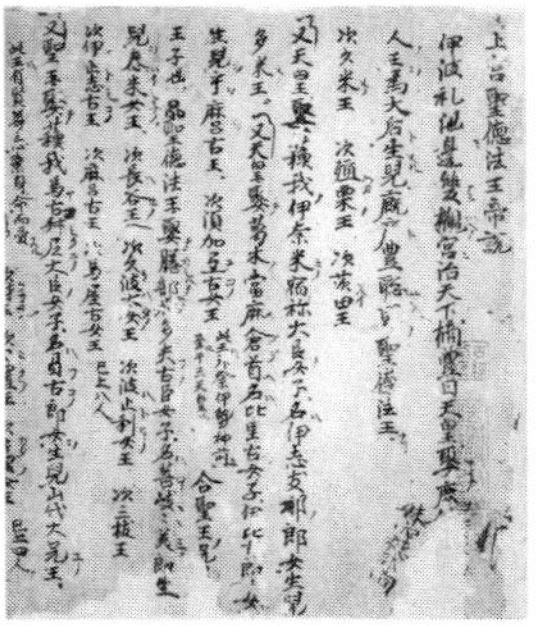

▼**『古事記』** 序文に、天武天皇の命により作製が始まり、天武死去によって中断したが、元明天皇のとき、再開、七一二（和銅五）年、太安万侶《おおのやすまろ》によって完成された、と記す。

▼**『上宮聖徳法王帝説』** 平安時代中期に成立した聖徳太子の伝記。性質の異なる五部からなり、第三部には、法隆寺の薬師・釈迦《しゃか》像光背銘、天寿国繡帳《てんじゅこくしゅうちょう》銘の本文と注釈をおさめる。

雲《うん》三）年と推定されている。この露盤は現存せず、後世の作文とする説もあるが、『古記』との一致は軽視されるべきではない。また、『日本書紀《にほんしょき》』用明《ようめい》元（五八六）年正月壬子《じんし》朔《ついたち》条には、厩戸皇子《うまやとのみこ》の別名が三つあげられているが、その第一は「豊聡耳《とよとみみ》聖徳」である。どんなに遅くとも、『日本書紀』成立のころには「聖徳」の名号が成立していたことはまちがいない。なお、「聖徳太子」の記述としてたどれる最古の事例は、天平勝宝《しょうほう》三（七五一）年と記す『懐風藻《かいふうそう》』の序文であることを付け加えておこう。

## 生前の名号

では、生前はなんと呼ばれていたのであろうか。「皇太子」「法大王《のりのおおきみ》」「法主《のりのうしの》王《おおきみ》」「法皇《のりのおおきみ》（王）」など、称号による表記も多くあるが、「皇太子」を除くと、ほかは仏教理解者としての聖徳太子を顕彰して呼んだ後世的名辞と考えられる。称号を除いた名号についてみると、『古事記《こじき》』▲『日本書紀』、また平安《へいあん》時代に成立した『上宮聖徳法王帝説《じょうぐうしょうとくほうおうていせつ》』▲に「上宮（之）厩戸豊聡耳」が共通してみえる。長い名前である。こうした長い名号は、天皇の諡号《しごう》に多くみえるところである。天皇以外の王族は、たいてい一つないし二つの名辞(要素)をもってあらわされるのであるが、太子の名号は「上宮」「厩戸」「豊聡耳」という三つの要素から構成されており、他に例をみない名号といえよう。ただし、太子の名号の意味を解説する『日本書紀』推古《すいこ》元(五九三)年四月己卯《きぼう》条(立太子記事)では、まず「厩戸」、続いて「豊聡耳」に関する説話が取り上げられ、慧慈《えじ》▲・覚哿《かくか》▲にそれぞれ仏教・儒教《じゅきょう》を学んだという記事を挟んで、最後に「上宮」の由来が説明される。本来は「厩戸豊聡耳」であり、これに「上宮」が冠せられ、三つの要素からなる特異な名号が生み出されたと理解してよかろう。このうち、「上宮」については、太子死後の一族をあらわす場合にも用いられており、さきにみた公式令『古記』が「上宮太子、聖徳王と称する類」と述べていたことからも、太子の生前から使われていた、太子をあらわす名号であった可能性が高い。

では、「厩戸」「豊聡耳」はどうかというと、それぞれに由来譚が記されていることはすでに述べたとおりである。「厩戸」については、これを実名とし、太子の母穴穂部間人皇女《あなほべのはしひとのひめみこ》▲が馬官《うまのつかさ》の厩《うまや》の戸にあたってにわかに出産したという説話が付会されたという理解が一般的であろう。しかし、「厩戸」の語義を合理的に

▼**慧慈**　?〜六二三。高句麗《こうくり》の僧。五九五年来朝し、飛鳥寺に止《し》住《じゅう》、聖徳太子に仏教を教えた。六一五年、高句麗に帰国。

▼**覚哿**　生没年不詳。「博士」を冠し、聖徳太子に外典《げてん》(仏教以外の書)を教えたという。『聖徳太子伝私記』は「五経《ごきょう》博士」とする。

▼**穴穂部間人皇女**　?〜六二一。欽明天皇皇女で、用明天皇の皇后となり、聖徳太子、来目皇子《くめのみこ》らを生む。母は蘇我稲目《いなめ》の女《むすめ》小姉君《おあねぎみ》。

**▼用明天皇**　?〜五八七。大兄《おおえの》皇子《みこ》。欽明天皇の皇子で、母は蘇我稲目の女堅塩媛《きたしひめ》。推古天皇は同母妹。仏教に帰依《きえ》することを群臣に協議させた。

説明しえないことから、実名とすることに疑問を呈する、佐伯有清の説もある。一方、「豊聡耳」については、一度に一〇人の話を聞いてそのすべてに適切な判断をしたという説話との対応性から、後世の創作を考える説が強いが、付会か創作かの判断基準は曖昧で、印象論的推測の域をでるものではない。

このようにみてくると、信用できるのは「上宮」だけのように思われるのだが、実はこの「上宮」にもその由来譚が記されている。すなわち、父用明《ようめい》▲天皇に愛され、用明の宮の南の「上殿《かみつみや》」に居住させられたことから「上宮」と呼ばれるようになったという記述である。『日本書紀』用明元(五八六)年正月壬子条で、太子が初め「上宮」に居し、のちに「斑鳩《いかるが》」に移ったとすることから、「上宮」を太子本来の居地とし、用明の磐余池辺双槻宮《いわれのいけのへのなみつきのみや》の所在が推測される桜井《さくらい》市に求める説がある。すなわち、同市小字上之宮《うえのみや》で発掘された六世紀末の邸宅遺跡を、太子の「上殿」＝「上宮」とみる説である。

しかし、ここで注意しなければならないことがある。それは、このように宮号の由来が説明される事例はほとんどみられないという点である。少なくとも、諸王子の宮名については、その命名の由来が説明されている事例をあげることはできない。そしてもう一つ留意すべきは、「上宮」「廐戸」「豊聡耳」の由来譚が、立太子記事に続けて一括して述べられている点である。その順番はさきにみたとおりで、まず「廐戸豊聡耳」という名号があり、これに「上宮」を加えて、「その名を称《たた》えて上宮廐戸豊聡耳太子と謂《もう》す」という論理構成が浮かんでくる。三つの要素（名辞）から構成される名号という特異性も、当初は二つの要素から構成されていた名号に、さらにもう一つの要素が追加されたということで納得できる。ただ、二つの要素からなる名号が一般的に認められるかという点は確かめておかねばならない。もしそれが特殊な例なら、「豊聡耳」の創作を疑う余地が生まれてくるからである。

　そこで、太子の生存期間に近い、欽明《きんめい》・敏達《びだつ》の皇子女名をみてみると、次のような名をえることができる。

［欽明皇子女］

泥部穴穂部《はしひとのあなほべの》（穴穂部間人《はしひと》）皇女《ひめみこ》・泥部穴穂部皇子・箭田珠勝大兄皇子《やたのたまかつのおおえのみこ》（以上『日本書紀』）

三枝部穴太部王《さきくさべのあなほべのみこ》・宗賀之倉王《そがのくらのみこ》・間人穴太部王《はしひとのあなほべのみこ》（以上『古事記』）

〔敏達皇子女〕

押坂彦人大兄皇子《おしさかのひこひとのおおえのみこ》・菟道磯津貝皇女《うじのしつかいのひめみこ》＝菟道貝鮹皇女《かいだこのひめみこ》・桜井弓張皇女《さくらいのゆみはりのひめみこ》

（以上『日本書紀』）

二つの構成要素からなる名号は、それほど多くはないが、特殊ということではないことが了解されよう。

さて、右にあげた名号は、大きく二つに分類することができる。一つは、泥部穴穂部＝間人穴太部・三枝部穴太部のグループで、複数の氏族《しぞく》によって資養《しよう》されたことを示す名号である。もう一つは、箭田珠勝・宗賀之倉・押坂彦人・菟道磯津貝＝菟道貝鮹・桜井弓張のグループである。このグループの特徴は、名号が「居住地＋$\alpha$」の形をとっている点である。この「$\alpha$」部分に、資養氏族（乳部《みぶ》）があてられていると考えられるのが宗賀之倉王であるが、他の四人については、その由来を明確にしえない。押坂彦人の「彦人」にはさしたる意味を感じないが、聖徳太子と婚姻を結んだ菟道磯津貝皇女は、貝鮹の別名が記され、海とのつながりを連想させられる。なにかいわくありそうな名であるが、なぜこのような名が付されたか、知ることはできない。「珠勝」「弓張」も同様である。

それらしい不可思議な由来譚が付されていたら、これらの名前もまた、創作と疑われることになるのであろうか。

　このようにみてくると、「豊聡耳」もいったん、由来譚と切り離して考えることに問題はないように思われる。なんらかの意図をもって付された名に、後世、命名の理由とは異なる由来譚を付会して、その人物（聖徳太子）の特殊化がはかられたとする理解は十分可能であろう。ただそれがあまりにもうまくいきすぎたため、本来の名そのものが創作されたかのようにみえてしまったということではないだろうか。繰り返しになるが、付会と創作を弁別する明確な判断基準はない。六世紀後半から七世紀にかけて「廐戸豊聡耳」と同様の構造の名が確認される以上、「豊聡耳」のみを創作とすることはできない。聖徳太子の名号の三要素すべてに由来譚が付されているという事実は、これら三要素を同質のもの、すなわち実名であったと考える余地を、むしろ主張しているように思われる。「廐戸」「上宮」が実名であることが証明されるなら、「豊聡耳」もまた実名である可能性が高いことが支持されるであろう。

　そこで問題になるのが「廐戸」である。「廐戸」を実名とする考えは、これまでも多くの支持を受けてきたのだが、地名とも、資養氏族名とも断定できず、それゆえ、「廐戸」もまた創作の可能性があるのではないかという疑問が呈せられていることはさきに述べたとおりである。

かつて遠山美都男は、鎌倉《かまくら》時代、寛元《かんげん》二（一二四四）年の年紀を有する大和国《やまとのくに》金峰山寺《きんぷせんじ》の銅鐘銘《どうしょうめい》に地名「馬屋戸」があることを発見し、蘇我《そが》系の太子が葛城《かずらき》地方で育った可能性を指摘した。これに対し、最近、古市晃は、遠山が発見した銘文が刻まれた時代と、聖徳太子が生きた時代とのあいだの年代の隔たりが大きいことに疑問を呈し、異なる視点から「廐戸」が地名であることを証明している。

古市が着目したのは『古事記』垂仁《すいにん》天皇段にみえる次の記述であった。

> 那良戸《ならと》よりは跛《あしなえ》・盲《めしい》遇《あ》はむ。大坂戸《おおさかと》より亦《も》跛・盲遇はむ。唯木戸《ただきと》是《ぞ》、掖《わき》月《づき》の吉《よ》き戸《と》

これは垂仁天皇に派遣され、出雲《いずも》に向かおうとする二人の王が、どのルートをとるべきかを卜《ぼく》した結果として記された文章であるが、古市は、那良戸・大坂戸・木戸を、それぞれ大和から山背《やましろ》・河内《かわち》・紀伊《きい》に抜ける境界としての

「坂」の入り口を示すと指摘する。つまり、「戸」は「坂」の入り口を示す語であり、「厩戸」は「厩坂《うまやさか》の戸」と理解できるというのである。これに対し、「木戸」は紀《き》ノ川の水路であり、「戸」がすべて「坂戸」を意味するとは限らないという渡里恒信の批判がある。たしかに木戸は「木坂の戸」ではなく、紀ノ川の水路の戸、すなわち〝木（紀）の水門〟をさすと解せる余地はある。しかし、古市は「戸」を、交通路上の境界の入り口としてとらえるべきことを指摘したのであり、「水門」もまた水上交通上の境界の入り口と解することは十分可能である。「厩戸」を「厩坂の戸」と理解することになんら支障はなかろう。

「厩」が「厩坂」を意味するとなると、『日本書紀』に関連記事をみいだすことができる。応神《おうじん》天皇十五年八月丁卯《ていぼう》条には、百済王《くだらおう》が阿直伎《あちき》をつかわして良馬二匹を貢《たてまつ》り、これを軽《かる》の坂上の厩で飼育させたことから、その地を厩坂と名づけたと記し、厩坂道（同三年十月癸酉《きゆう》条）、厩坂池（同十一年十月条）の名称もみえる。古市は、こうした記事から、大和国高市郡《たかいちぐん》厩坂こそがその地であり、五世紀以来、王宮《おうきゅう》がおかれたとされる軽から、その東方にかけての丘陵が「厩戸」と呼ばれる地域であったと推測している。

▼**舒明天皇**　五九三〜六四一。田村皇子《たむらのみこ》。押坂彦人大兄皇子とその異母妹糠手《あらて》姫皇女《ひめのひめみこ》とのあいだに生まれる。

▼**『釈日本紀』**　十三世紀後半、卜部《うらべ》兼方《かねかた》が著わした『日本書紀』の注釈書。平安初期以来の諸説を集成。逸書を多く引用する。

▼**『大安寺伽藍縁起幷流記資財帳』**　七四七(天平十九)年成立。奈良市大安寺の開創経緯、寺財を記す。奈良時代末の書写本が正暦寺《しょうりゃくじ》に残る。

そこで注目されるのが、舒明《じょめい》天皇▲が伊予温湯宮《いよのゆのみや》行幸《ぎょうこう》から帰還し、廐坂宮《うまやさかのみや》に居したという『日本書紀』の記述である(舒明天皇十二〈六四〇〉年四月壬午《じんご》条)。伊予温泉は、『釈日本紀《しゃくにほんぎ》』▲に引かれる「伊予温湯碑」に「法王大王《ほうおうだいおう》」すなわち聖徳太子が訪れたことがあると記され、また、舒明天皇と聖徳太子とのあいだには百済寺の造営を介して結びつきがあったとする伝承がある(『大安寺《だいあんじ》伽藍縁起《がらんえんぎ》幷《ならびに》流記《るき》資財帳《しざいちょう》』▲)。太子が訪れたことがある伊予温湯から戻った舒明が、廐坂宮にはいったというのは、廐坂の地が太子由縁《ゆかり》の地であることを示唆するものではなかろうか。いわば、舒明は太子の追体験をしたということになる。もう一つ、興《こう》福寺《ふくじ》の前身として廐坂寺があったとされることにも注目したい。奈良時代の仏教を推進し、聖徳太子信仰の主導者ともなった藤原《ふじわら》氏が、あえて廐坂に寺院を営んだか、あるいは廐坂の名称を寺名に取り込んだのは、まさに日本仏教の興隆者と位置づけられた聖徳太子の遺跡を継承しようとする意図からと考えられよう。廐戸は廐坂の地をさす名辞であり、軽の地のどこかに聖徳太子の生育した宮があったことはまちがいないであろう。

「廐戸」をこのように考えてくると、「上宮」との関係が改めて問題となってくる。『日本書紀』には、聖徳太子が上宮から斑鳩に移ったと書かれているからである。「上宮」と「廐戸」が同じだとすると、「上宮廐戸」は重複表現ということになり、不審である。また、「上宮」と「廐戸」が異なるとすると、斑鳩に移る前にすでに一度転居していたということになる。しかし、この点については、立太子記事に続く「上殿」の記述が創作され、「上宮」という実在の呼称に付会されたと考えれば、疑問は解消される。太子を愛した父用明天皇が、自分の宮の南の「上殿」に太子を住まわせたとする逸話は、これまでほとんど疑われることなく、歴史事実を伝えるものとして認識されてきたが、繰り返し述べてきたように、その直前で「廐戸」「豊聡耳」の由来譚が語られていた。この点に着目すれば、「上殿」に関する記述もまた、それらと同列において理解されねばならないのではないだろうか。「上殿」の由来譚は、のちの聖徳太子信仰における「太子孝養《きょうよう》像▲」（カバー裏写真参照）の淵源として創作された説話と理解されるべきではないだろうか。

そこで注目されるのが法隆寺《ほうりゅうじ》金堂《こんどう》に安置される薬師如来《やくしにょらい》像光背《こうはい》に彫られた銘文である。そこには池辺大宮治天下天皇《いけのへのおおみやにあめのしたしろしめししすめらみこと》（用明）が病をわずらったと

▼**聖徳太子孝養像**　太子一六歳のとき、父用明天皇の病気平癒を、柄香炉《えごうろ》をとって祈ったという姿をあらわす。

き、大王天皇（推古▲）と太子（聖徳太子）を呼び、薬師像をつくって病気平癒を果たしたいと述べたが、ついに完成させることなく死去したため、小治田《おはりだ》大宮治天下大王天皇（推古）と東宮聖王（聖徳太子）が引き継ぎ、丁卯年（六〇七〈推古十五〉）に完成にいたったという、薬師像造像縁起とも呼ぶべき文章が記されている。この銘文に対しては、「大王天皇」という特異な称号が用いられていることに疑問が投げかけられ、「天皇」号の成立を天武《てんむ》・持統《じとう》期とする渡辺茂の見解がだされてからは推古期の遺文とは認められないとする見解が主流となっている。推古期も含め、七世紀代の仏像にきざまれた銘文のほとんどすべてが供養《くよう》のためという造像目的を伝えるなか、縁起ともいうべき造像経緯を記すこの薬師像光背銘文は、後世の作、八世紀代に作製されたものではないだろうか。そう考える理由はさきに指摘した、この銘文にみえる「大王天皇」という特異な語にある。

一般に倭国の君主の称号は、五世紀代に「大王」が用いられるようになり、それが七世紀代に「天皇」に交替したと考えられている。あるいは「天皇」号成立期に、その過渡的形態として折衷的な「大王天皇」が用いられたことは考えられな

▼**推古天皇**　五五四〜六二八。額田部皇女《ぬかたべのひめみこ》。欽明天皇と蘇我稲目の女堅塩媛《きたしひめ》とのあいだに生まれる。用明天皇の同母妹。

▼**『続日本紀』**　『日本書紀』につぐ官撰史書。奈良時代の基本資料。四〇巻。前半二〇巻を菅野真道《すがののまみち》らが、後半二〇巻を藤原継縄《つぐただ》らが編纂し、七九七（延暦十六）年完成。

▼**元明天皇**　六六一〜七二一。阿閇《あべ》（陪）皇女《ひめみこ》。天智《てんじ》天皇と蘇我倉山田石川麻呂《くらのやまだのいしかわのまろ》の女姪娘《めいのいらつめ》との

いわけではない。しかし、他に用例をみいだすことはできない。そこで、これがどのように読まれたかを考えると、「ダイオウテンノウ」という音読みのほかに、「オホキミスメラミコト」という訓読みが考えられ、『続日本紀《しょくにほんぎ》』▲におさめられた宣命文《せんみょうぶん》のなかに、ほぼ同一と考えられる表記をみいだすことができる。それは「我皇天皇《わがおおきみすめらみこと》」という文言で、七〇七年（慶雲四年七月壬子《じんし》条）の元明《げんめい》天皇▲の宣命のなかにその原型ともいうべき「我王朕子天皇《わがおおきみわがこすめらみこと》」があらわれ、以後、七二四年の聖武《しょうむ》▲天皇の宣命（神亀《じんき》元年二月甲午《こうご》条）から、七五九年の淳仁《じゅんにん》天皇▲の宣命（天平宝字《ほうじ》三年六月庚戌《こうじゅつ》条）まで、七例を数えることができる。薬師像光背銘は、天平十九（七四七）年の年紀を有する『法隆寺伽藍縁起并流記資財帳』▲にその趣意文がおさめられており、遅くともこのころまでに成立したことは確かである。『日本書紀』に記された、父用明天皇の愛を受けて、天皇の宮の南に「上殿」をあたえられたという記述に基づき、創出されたのがこの銘文であった可能性が高いのではないだろうか。

「上宮」を立太子記事にみえる「上殿」から切り離してみれば、「上宮」が太子の死去あたりからそれ以後、太子の子孫に冠して用いられるという新川登亀男の

あいだに生まれ、草壁皇子と結婚、珂瑠《かるの》（軽）皇子《みこ》（文武天皇）を生む。文武の遺児、首皇子即位実現のため、文武死後即位し、元正天皇にその役割を引き継いだ。

▼**聖武天皇**　七〇一～七五六。首皇子《おびとのみこ》。文武《もんむ》天皇の皇子で、母は藤原不比等《ふひと》の女宮子《みやこ》。七一四（和銅七）年、皇太子となり、七二四（神亀元）年、伯母の元正《げんしょう》天皇の譲りを受けて即位した。

▼**淳仁天皇**　七三三～七六五。天武天皇の孫で、舎人《とねり》親王の子。藤原仲麻呂《なかまろ》の庇護のもと、孝謙《こうけん》天皇の譲位を受け、七五八（天平宝字二）年即位。のち、孝謙太上《だじょう》天皇により廃され、淡路《あわじ》に移されて没した。

▼**『法隆寺伽藍縁起并流記資財帳』**　七四七（天平十九）年成立。法隆寺の開創経緯、寺財を記す。奈良時代の法隆寺に関する基礎資料。とくに寺領の分布を記す点で貴重。

指摘の妥当性が支持される。「上宮」はやはり斑鳩に営まれた、「夢殿《ゆめどの》」に代表される法隆寺▲(カバー表写真参照)東院《とういん》の下層に眠る斑鳩宮《いかるがのみや》をさすとすべきである。実在しない用明王宮の南の「上殿」を創出してしまった『日本書紀』編者は、その実体化をはかるために、太子の宮居《みやい》は上宮から斑鳩に移ったと、本来の上宮と斑鳩の一体性を否定する一文を挟まねばならなかったのである。

しかし、なぜ、『日本書紀』編者は、太子の「上殿」を用明天皇の宮の「南」におくという作文を行ったのだろうか。遠藤みどりの教示によれば、天武▲の飛鳥浄《あすかきよ》御原宮《みがはらのみや》と、草壁皇子《くさかべのみこ》▲の嶋宮《しまのみや》との関係に模したのではないかという。草壁皇子と聖徳太子の対比関係は、本書の大きな論点の一つで、遠藤の指摘は的を射ていると思う。

さて、ではなぜ、斑鳩宮は「上宮」と呼ばれたのであろうか。

新川登亀男は、漢籍《かんせき》や仏典《ぶってん》にみえる、楼閣《ろうかく》を備えた館舎をさす語をもとにしたか、もしくは高句麗《こうくり》や百済に存した「上部《じょうぶ》」という編成組織が東方の部という意味で用いられたことから、「東宮」をさす語として採用されたかと推測している。古市は、新川説に対し、七世紀前半の段階で、宮号や宮の施設の名号が、

▼**法隆寺**　六七〇(天智九)年、斑鳩寺炎上後、西院伽藍が再建された。五重塔は和銅年間(七〇八〜七一四)の完成という説がある。

▼**天武天皇**　六三一?〜六八六。大海人皇子《おおあまのみこ》。舒明天皇の二男で、母は宝皇女《たからのひめみこ》(のちの皇極《こうぎょく》・斉明《さいめい》天皇)。天智天皇死後、大友皇子《おおとものみこ》と皇位を争い(壬申《じんしん》の乱《らん》)、勝利すると中央集権を推し進めた。

▼**草壁皇子**　六六二〜六八九。天武と持統天皇とのあいだに生まれる。阿閇《あべの》(陪)皇女《ひめみこ》とのあいだに文武・元正天皇、吉備内親王をもうけた。

漢籍や仏典に求められた事例がみられないこと、また、上宮=東宮説については、皇太子制の前身となった大兄《おおえ》に用いられたとすれば成立する余地もあろうが、太子の上宮以外に類例を求められないことから、成立しがたいと述べている。しかし、古市は、上=東という新川の提言を採り入れ、斑鳩寺の東に位置する王宮として、上宮と呼ばれたのではないかという考えを提示している。斑鳩宮、斑鳩寺のどちらに基点をおくかは、にわかに決しがたい問題であるが、寺の経営主体は斑鳩宮にあったのであり、斑鳩寺があって斑鳩宮が営まれたのではない。基点は斑鳩宮におかれるべきであろう。斑鳩寺からみた呼称が、広く通称として用いられたことは、まったく考えられないことではないが、考えにくいように思われる。

そこで参照されるのが、高市皇子《たけちのみこ》▲の「香具山之宮《かぐやまのみや》」(『万葉集《まんようしゅう》』▲一九九)が浄御原宮の北方、もしくは飛鳥という地域において最北部に営まれたことから「北宮《きたのみや》」と呼ばれたのではないかとする森公章の指摘である。

高市皇子の男、長屋王《ながやおう》▲の発願《ほつがん》した写経に、和銅《わどう》五(七一二)年の年紀を有する『大般若経《だいはんにゃきょう》』があるが、その願文《がんもん》末尾に「用紙一十七張　北宮」の一行がすえられ

▼**高市皇子**　六五四?~六九六。天武天皇諸皇子中最年長の皇子。母は胸形君徳善《むなかたのきみとくぜん》の女尼子娘《あまこのいらつめ》。壬申の乱で活躍した。

▼**『万葉集』**　現存最古の歌集。二〇巻。文武朝前後に現存一・二巻がまず成立し、その後、順次増補され、大伴家持《おおとものやかもち》により、延暦初年に全巻がなる。

▼**長屋王**　?~七二九。高市皇子の子。母は天智天皇の女で元明天皇の姉御名部皇女《みなべのひめみこ》か。藤原不比等死後、政権の中核となり、左大臣《さだいじん》にまで進んだが、謀反《むほん》の罪で自害に追い込まれた。

ている。従来、この「北宮」は、「北の方《かた》」「北の政所《まんどころ》」などの、平安時代の貴族《きぞく》の配偶者をさす語に引かれ、長屋王の妻、吉備内親王《きびないしんのう》▲をさすものと考えられてきた。しかし、デパート建設の事前調査として行われた発掘調査により、大規模な貴族の邸宅が発見され、ここから出土した大量の木簡《もっかん》の分析から、異なる解釈が示されるようになったのである。木簡の分析から、この邸宅が長屋王の邸宅であることがまず判明したのであるが、木簡に記された家政機関の役職名・職員人数は、長屋王の位階《いかい》より、また妻の吉備内親王の品階《ほんかい》よりも高い位階に相当するという事実が明らかとなった。森公章は、この事実について、高市皇子の家政機関が、死後もそのまま置かれ続けたのではないかと指摘したのである。実際、この邸宅跡から発見された木簡のなかに、「後皇子命《のちのみこのみこと》　後皇子命《のちのみこのみこと》宮《みや》」と記す習書木簡《しゅうしょもっかん》▲が確認されており、森の推測の妥当性を支持している。とすると、長屋王願経《がんきょう》にみえる「北宮」は、父高市皇子宮が飛鳥浄御原宮の北に位置し、飛鳥全体からみても北方に存在したことから付された別称を、平城京《へいじょうきょう》移転後も継続して使用されたものと理解されることになる。

いささか遠回りをしたが、「上宮」もまた飛鳥からみてあたえられた呼称と考

▼**吉備内親王**　?～七二九。草壁皇子の女で、文武・元正天皇の同母妹。長屋王と婚姻を結ぶ。長屋王の変で四人の子どもとともに自害に追い込まれた。

▼**習書木簡**　文字の手習いのために用いられた木簡の総称。出土地点と密接な関係がうかがわれる点で重要な資料。

えるべきではないだろうか。飛鳥からみれば、当然ながら上＝東説は成り立たない。ここで、位置関係において「上」が使われる事例として想起されるのが、国名に用いられる上・下である。国名の場合、「上」は交通路上において、都《みやこ》に近い側にあてられることを原則とする。ならば、斑鳩宮もまた、ある交通路を前提としたうえでの、飛鳥に近い宮を意味すると解することはできないだろうか。この視点に立つと、太子がなぜ飛鳥を離れ、斑鳩に居を移したのかという、もう一つの、より大きな問題がみえてくる。結論を先取りしていうならば、西《さい》国《ごく》、さらにはそのはるか彼方《かなた》に存在する朝鮮、中国への窓口としての役割を太子が担ったことの、一つの表現が太子の斑鳩移転であり、それが「上宮」の別称の由縁となったのではないかということである。

『日本書紀』は、推古天皇が太子の『法華経《ほけきょう》』講説に対し、播磨国《はりまのくに》の水田一〇〇町を賜い、それが斑鳩寺におさめられたと記す（推古十四〈六〇六〉年是歳《このとし》条）。『法華経』講説はひとまずおくとしても、斑鳩寺の後身である法隆寺の寺領が、河内以西の摂津《せっつ》・播磨・備後《びんご》・讃岐《さぬき》・伊予など、瀬戸内海沿岸地域に広がっていたことは、七四七年に作成された『法隆寺伽藍縁起并流記資財帳』に記されているとおりであり、法隆寺と瀬戸内地方との結びつきは、太子生前からのものであったと考えてよかろう。『釈日本紀』に引用された「伊予温湯碑」も、それが史実であるか否かは別として、瀬戸内海、瀬戸内地方と太子の深い結びつきを示すものである。

瀬戸内地方には、七世紀後半、法隆寺で用いられたのと同型の型（笵《はん》）で作製された瓦が分布している。鬼頭清明はこの事実から、地元有力者の協力をえて庄倉がまずおかれ、のちに瓦が伝えられたのではないかと、その経緯を想定している。また、瓦のなかには法隆寺東院で発見された、上宮王家にかかわる可能性のある瓦も含まれているという。こうした事実の淵源は、やはり聖徳太子の斑鳩移住に求められねばならないだろう。つまり、聖徳太子の斑鳩遷居は、太子があたえられた重要な任務、朝鮮・中国との外交を実践していくための、飛鳥の王都の対外前衛拠点の設営としてなされたものであった。その意味から、瀬戸内地方をへて朝鮮・中国へ向かう交通拠点の、もっとも飛鳥側に近く位置する宮として、斑鳩宮は「上宮」と呼ばれたのではなかったろうか。

以上、聖徳太子の名号のうち、「廐戸」「上宮」について考察し、いずれも太子の生前の名号の一部とみて問題ないことを確認してきた。もう一つの名号の要素である「豊聡耳」も、実名であったとみてよかろう。太子の名号は、まず、生育した宮と固有の名の複合として「厩戸豊聡耳」が成立し、これに後半生の活動の舞台となった斑鳩宮の別称「上宮」が冠されて「上宮厩戸豊聡耳」が成立したというのがここでの結論である。

また、太子の斑鳩移住と「上宮」の呼称から、太子の負った政治課題が、朝鮮・中国との対外関係にあったのではないかという予測を立てた。そこで次に、太子のそうした政治的立場が、当時の倭国《わこく》においていかなるものであったかを考えることとし、その後で、七世紀前半の倭国がおかれた国際関係のなかでいかなる政治課題が存在し、それに対して推古の朝廷がどのように取り組もうとしたのかを考えることとしたい。

## ②—聖徳太子の「立太子」

### 聖徳太子の「立太子」記事

聖徳太子が推古女帝《すいこじょてい》の皇太子となり、推古にかわって政治を行ったとする皇太子摂政論《せっしょうろん》は、広く日本史の「常識」化しているといっても過言ではなかろう。その地位が「皇太子」と呼ばれていたかという点に疑問は呈されているものの、聖徳太子を政治の中心におく考えは広く支持されている。こうした考えに対し、蘇我馬子《そがのうまこ》▲こそ政権の掌握者であり、『日本書紀《にほんしょき》』は、その事実を覆い隠すため、聖徳太子（厩戸王《うまやとおう》）の虚像をつくりあげたと、七世紀史の見直しを進めてきたのが、大山誠一である。

本書では、王権を掌握した推古女帝が、政治運営のために少数者からなる権力中枢（権力核）を構成し、その構成員となった非王族の代表が蘇我馬子であり、王族の代表が聖徳太子であって、推古とこの権力核が七世紀前半の政策を決定、推進したと考える。以下、聖徳太子「立太子《りったいし》」記事の検討から、七世紀前半の政治形態について述べることとする。

▼**蘇我馬子**　?〜六二六。嶋大臣《しまのおおおみ》とも。稲目《いなめ》の子で、蝦夷《えみし》の父。敏達天皇のとき、大臣となり、政権の中枢を占めた。石舞台古墳《いしぶたいこふん》はその墓と考えられている。

聖徳太子の「立太子」記事は、『日本書紀』推古元（五九三）年四月己卯《きぼう》条に次のようにみえる。

廐戸豊聡耳皇子《とよとみみのみこ》を立てて、皇太子とす。仍《よ》りて録摂政《まつりごとふさねつかさど》らしむ。万《よろずの》機《まつりごと》を以《もっ》て悉《ことごと》に委《ゆだ》ぬ。

立太子のことは、『日本書紀』用明《ようめい》元（五八六）年正月壬子《じんし》朔《ついたち》条の、キサキとそのあいだに生まれた皇子女を列記する、いわゆる帝紀《ていぎ》的記述にもみえる。これも示しておこう。

豊御食炊屋姫《とよみけかしきやひめ》天皇〈推古〉の世《みよ》にして、東宮《みこのみや》に位居《ましま》す。万機《よろずのまつりごと》を総摂《ふさねかわ》りて、天皇事《みかどわざ》したまう。

推古女帝の皇太子となり、女帝にかわってすべての政治を執り行ったという、摂政聖徳太子のイメージはこの短文から生み出され、史実として定着させられてきたといえよう。

その地位が「皇太子」であったかという問題もあるが、それ以上に大きな問題がある。それは、「女帝」と「摂政」が、表裏一体の事実として認識されてきた点である。まず、この点からみていきたい。

## 推古女帝の誕生

「女帝論」は、古代政治史上の大きな問題であり、多くの研究が積み重ねられてきた。推古の即位については、井上光貞の、男帝即位が困難な状況において、当面の危機を回避するために実現したとする説が支持されてきた。しかしそれなら、危機回避のために即位した推古が、男性である聖徳太子を皇太子にして政権を委ねたとすることには、大きな矛盾があるといわねばならないのではないだろうか。聖徳太子が政治に参加した時期を遅らせて考える直木孝次郎の見解を敷衍《ふえん》すれば、そうした矛盾が解消されてから聖徳太子の政治参加がはかられたということになるが、かりにそうだとしても、皇太子となった聖徳太子が、万機をおさめたかといえば、それも証明されているとはいいがたい。はたして、聖徳太子は、推古天皇にかわって政治を執り行っていたのであろうか。この問題を考えるため、まず、史上初の女性大王、推古即位の事情をみておくことにしよう。

『古事記《こじき》』『日本書紀』は、神武《じんむ》即位以来、一筋の系統に天皇位が継承されてきたと説く。「大日本帝国憲法」第一条に記された「万世一系《ばんせいいっけい》」の観念である。しかし、実在が確認できる確かな大王は応神《おうじん》▲以降にしか求めえず、崇神《すじん》～仲哀《ちゅうあい》、綏靖《すいぜい》～開化《かいか》の系譜は、七世紀から八世紀にかけて順次作成され、応神から始まる系譜に架上されたものであることが、川口勝康によって明らかにされている。また、川口は、『宋書《そうじょ》』倭国伝《わこくでん》▲の倭の五王《ごおう》の系譜関係記述において、二番目の珍《ちん》と三番目の済《せい》の系譜関係が記されていないことを重視し、五世紀代にはまだ一つの血縁に王権継承権が独占されていないと指摘している。つまり、二つの系統を一つに合成した応神から武烈《ぶれつ》の系譜がまず作製され、同じ原理で崇神～仲哀、綏靖～開化の系譜が順次作製されたというのが、川口の系譜論である。

　この指摘に基づいて日本古代における王権継承の歴史を考えるなら、まず、王権の行使に値する人物を、その能力・人格に基づいて選出することに出発し、五世紀代にその候補者をいくつかの血縁集団に限定して選出するという段階をへ、六世紀にはいってようやく、唯一の血縁集団に王権継承権を限定する世襲王権制が成立したと説明することができる。世襲王権制の始点は継体《けいたい》天皇に求められるが、継体死後、安閑《あんかん》▲・宣化《せんか》▲の同母兄弟と対立し、勝利をおさめた欽明《きんめい》によって、のちの天皇制の母体となった、超越的政治権力としての内実を備え

**▼応神天皇**　記紀《きき》系譜上、第十五代の天皇。仲哀天皇と神功《じんぐう》皇后とのあいだに生まれたとされるが、新王朝の創始者としての性格が濃厚。実在が確認される、最初の大王である可能性がある。

**▼『宋書』倭国伝**　中国南朝《なんちょう》の宋（四二〇～四七九）の史書。沈約《しんやく》により、五〇二年成立。五世紀代の倭国との外交交渉を詳細に記述する。

**▼安閑天皇**　勾大兄皇子《まがりのおおえのみこ》。継体天皇が即位前に婚姻を結んだ尾《おわ》張連草香《りのむらじくさか》の女目子媛《むすめのめこひめ》とのあいだに生まれる。六世紀前半の大王。

**▼宣化天皇**　檜前高田皇子《ひのくまのたかだのみこ》。安閑天皇の同母弟で、安閑死去後に即位したとされるが、継体死去後、安閑とともに死去したとする説がある。

はじめた世襲王権制は確立されたのである。

　推古天皇の時代は、欽明天皇▲によって確立された世襲王権の、第一世代の段階であったということになる。欽明第一世代では、王権は敏達《びだつ》▲→用明▲→崇《す》峻《しゅん》▲と継承された。これは、同一世代内の王族の、有力な者から順に即位するという世代内継承原則に基づいて行われたものであった。原則どおり、順調に継承された倭王権であったが、崇峻が東漢直駒《やまとのあやのあたいこま》によって「王殺し」にあうという事件が起き、事態は大きく動きはじめる。『日本書紀』はこの事件を、蘇我馬子の指示によるとする。この事件を「蘇我氏の横暴」とみてしまえばそれまでであるが、古代の王権継承にはもう一つ、終身大王制という原則が存在した。崇峻が「王殺し」にあったのは、世代内継承と終身大王制という、二つの王権継承原則の矛盾として生じたとみるべきであろう。即位した大王の退場は、その死という契機でしか実現しえなかったのである。

　では、この事件の結果どうなったか。『日本書紀』を読むかぎり、推古天皇の時代を、蘇我馬子が専権をふるった時代とは読みがたい。世襲王権制は、倭国を統治する大王は、特異な血筋に連なる人間集団から選ばれることになってい

▼**欽明天皇**　?〜五七一。継体天皇と仁賢《にんけん》天皇の女手白香皇女《たしらかのひめみこ》とのあいだに生まれる。継体死後、安閑・宣化を滅ぼし、即位したとする説がある。

▼**敏達天皇**　?〜五八五。欽明天皇と、宣化天皇の女石姫皇女《いしひめのひめみこ》とのあいだの第二子として生まれる。異母妹豊御食炊屋姫(推古)と婚姻を結んだ。

▼**用明天皇**　八ページ参照。

▼**崇峻天皇**　?〜五九二。欽明天皇と蘇我稲目の女小姉君《おあねぎみ》とのあいだに生まれる。丁未《ていび》の役《えき》では馬子についたが、即位後、馬子と対立した。

# 聖徳太子関係略系図

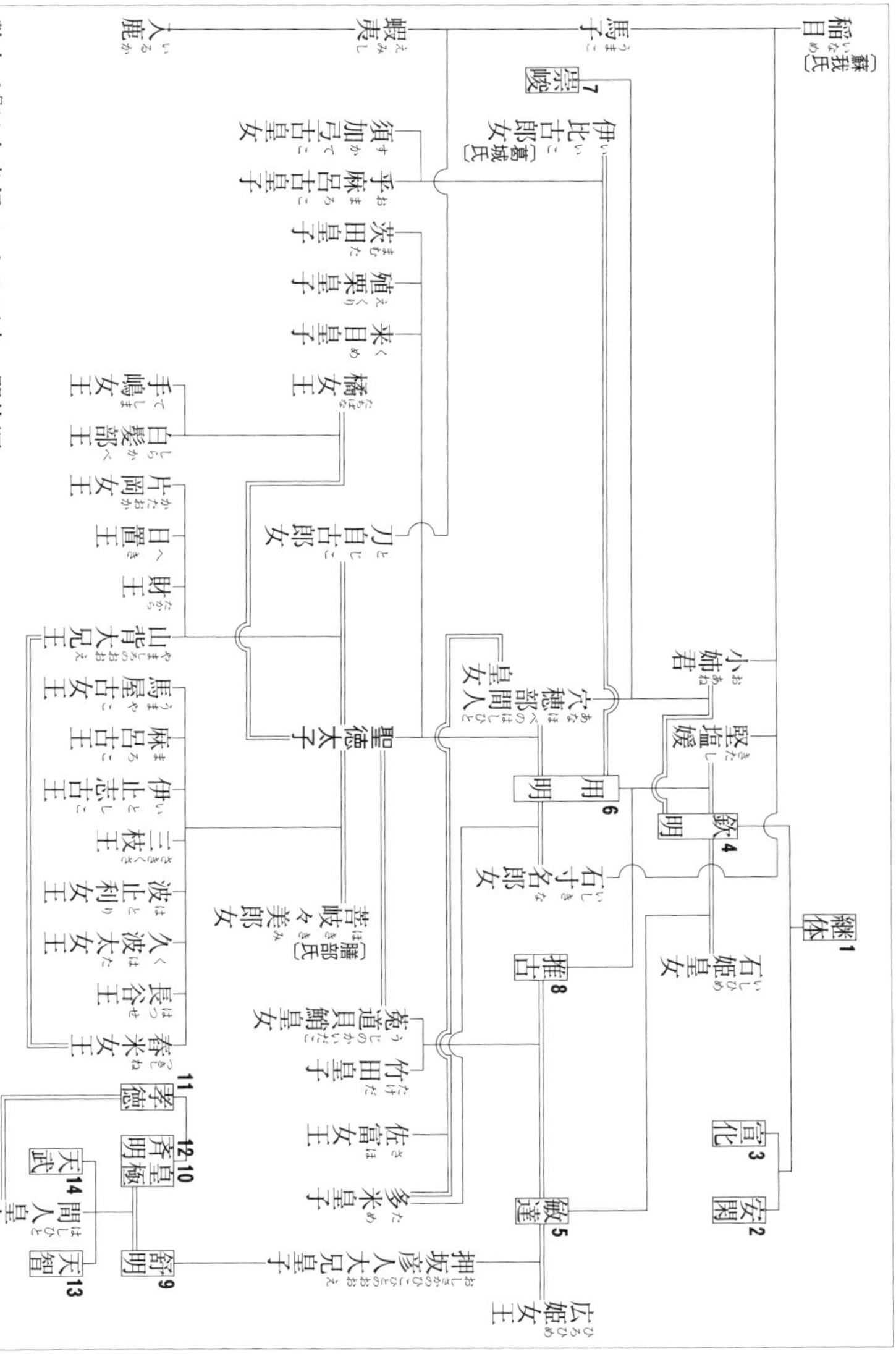


数字は『日本書紀』による天皇の即位順。

るという認識によって、はじめて成立する王権継承原則である。神話が整備され、他氏族《しぞく》から「聖別」された血縁集団としての大王一族が成立した。大王は、欽明の血を引く人間集団から選ばれ、統治の中心に立たなければならなかったのである。

そこで登場したのが推古であった。推古登場の理由として、従来注目されてきたのは、推古が敏達天皇の皇后であったという事実である。推古はたしかに敏達のキサキの一人であり、「大后《おおきさき》」と称された。大后は律令制《りつりょうせい》下の「皇后」の前身であったとする説がある。岸俊男は、聖武《しょうむ》天皇▲のキサキの一人、藤原光《ふじわらのこう》明子《みょうし》▲が皇后に立てられようとしたのは、大后が即位するという歴史的伝統を盾に、聖武死後（譲位後）、光明子がみずから即位して皇位継承の安定をはかろうとしたからであったと説明した。さすがに、光明子の即位予定説への支持はえられなかったが、大后を律令皇后制の前身とする部分は継承され、定説化している。

大后を律令皇后制の前身とする説では、大后が大王の権力行使を一部分担したと主張する。最近では、荒木敏夫が王権の「多極的構造」を主張し、大后の王

▼**聖武天皇**　一七ページ参照。

▼**藤原光明子**　七〇一～七六〇。安宿媛《あすかべのひめ》。藤原不比等《ふひと》の三女で、母は県犬養三千代《あがたいぬかいのみちよ》。聖武天皇とのあいだに阿倍皇女《あべのひめみこ》（孝謙《こうけん》天皇）を生み、皇后となった。

権分掌体制を証明しようと試みているが、その根拠としてあげられている事象は、多くが七世紀後半以降の仏教信仰にかかわるものであり、政治権力の分掌体制を証明するにたるものとはいいがたい。国家形成に向けて権力の中央集中がめざされていた時期に、その権力の中枢において、権力そのものを分割して複数人格がその行使にあたるという事態を想定すること自体に無理があると思われるのだが、そのような体制を史料上に確認できない以上、大后の政治的地位は大王につぐものであったなどとする考えに従うことはできない。成清弘和のいうように、大后は一つの尊称にすぎず、制度的呼称とは認めがたいのである。

推古の即位が、敏達天皇の大后であったことによって実現したとする説に戻ると、推古の即位は、崇峻の死後に実現したものである。これが、敏達の死の直後のことであったなら、敏達の大后であったがゆえの即位ということもできるかもしれない。しかし、その場合でも、世襲王権制のもとでは、大后であること以上に重大な要件があったことを想起しなければならない。いうまでもなく、それは、欽明の血を受け継いでいるという事実である。推古の即位は、推古が欽明の子の世代(第一世代)の王族であったことに、その本源的理由を求めるべきである。ただし、世代内継承には、ゆるやかな男性優位の原則があったようで、その結果、敏達→用明→崇峻と王権継承が行われた。しかし、崇峻に対する「王殺し」によって、重大な局面を迎える。大王崇峻の否定は、欽明第一世代の男子中に、もはや大王となるにたる男性がいないことを意味することとなる。とすると、ここに二つの選択肢が用意されることになる。

一つは、欽明第一世代の男子でない王族、すなわち女子の王族から大王を選ぶ方法であり、もう一つは、欽明第二世代(孫の世代)から大王を選ぶ方法である。欽明第二世代には、厩戸皇子(聖徳太子)のほか、推古所生の竹田皇子《たけだのみこ》などがいた。いまだ突出して諸有力氏族の支持をえるまでに成長した王族が認められなかったからということも十分考えられることではあるが、それ以上に、第一の選択肢のなかに推古という有力候補が存在していたからこそ、その即位が実現したとみるべきであろう。崇峻の強制的排除という危機的事態を収拾するために、十分な能力を有する欽明第一世代の王族として、推古が即位することとなったのである。

▼**穴穂部皇子**　?〜五八七。泥《はし》部《ひとの》穴穂部皇子とも。欽明天皇皇子で、母は蘇我稲目の女小姉君。崇峻天皇の同母兄。

推古の政治的能力がいかに評価されていたか、それをものがたる「事件」を紹介しておきたい。それは、敏達死後、天下をとろうと欲した穴穂部皇子《あなほべのみこ》▲が、用明即位後、敏達の殯宮《あらきのみや》にはいっていた推古（炊屋姫《かしきやひめ》）を「奸《おか》」そうとして押し入ったという事件である。男子優先の傾向だけには頼っていられないと危機感をいだいた穴穂部皇子が、佐藤長門のいう〝夫帝優先の原則〟を実現するため、強引に推古と婚姻関係を結ぼうとしたのがこの事件の本質であったとみるべきである。推古の能力は十分に知れわたっていたのであり、第一の選択肢は、第二の選択肢との比較の結果としてではなく、第一の選択肢自体の有した重要度により、採用されることになったのである。

推古の即位事情は、おおよそ以上のように考えられる。とすると、その時期はともあれ、推古が政治の全権を「皇太子」に託したなどと考える余地は、はたしてあるのだろうか。その可能性はきわめて低いというべきであろう。では、聖徳太子の政治的位置はいかなるものであったか、次に立太子記事そのものを検討することとしたい。

▼『三国志』　三世紀前半の魏・呉《ご》・蜀《しょく》三国の興亡を記す中国の正《せい》史《し》。陳寿《ちんじゅ》撰。各書は、魏志・呉志・蜀志と通称される。

## つくられた立太子記事

さきに示したように、聖徳太子の政治的役割について、『日本書紀』は「万機を総摂りて、天皇事したまう」、「仍りて録摂政らしむ。万機を以て悉に委ぬ」と記している。この記述は中国の史書を下敷きにしていることが指摘され、たとえば『日本古典文学大系　日本書紀　下』(岩波書店)は、『三国志《さんごくし》』▲の「魏書《ぎしょ》」から、「皇太子をして万機《ばんき》を副理《ふくり》し、百揆《ひゃっき》を総統《そうとう》せしむ」という記述をあげている。中国史書を下敷きにしていることはまちがいないであろうが、重要なのは、実態を表記するために中国史書の記述を借りたのか、それとも実態とは関わりなく、都合のよい文章として模したのかという点である。ところで、『日本書紀』にはもう一カ所、聖徳太子の立太子記事とほとんど同じ構文の立太子記事をみいだすことができる。それは天武《てんむ》天皇の皇子、草壁皇子《くさかべのみこ》の立太子記事である。天武十(六八一)年二月甲子《こうし》条は、天武が律令編纂を宣告したことを記し、それに続けて「是《こ》の日に、草壁皇子尊《くさかべのみこのみこと》を立てて、皇太子とす。因《よ》りて万機を摂《ふさねおさ》めしめたまう」と、草壁皇子の立太子を伝えている。聖徳太子と草壁皇子の立太子記事との親縁性はみてのとおりであるが、聖徳太子と草壁皇子のあいだには、もう一つ、共通点がある。それは両者とも、即位することなく死去したという事実である。この点に、両者の立太子記事がほとんど同じ内容で構文された理由が求められるのではないかと考えられる。そこで、少々遠回りになるが、まず、草壁皇子の立太子について考えることとしたい。

『日本書紀』のなかでももっとも実録性が高いとされるのが天武・持統紀であり、荒木敏夫が疑問を呈するまで、草壁皇子の立太子は不動の事実として信じられてきた。しかし、荒木が疑問を呈し、否定したように、草壁皇子を律令制に基づく皇太子と認めることはできない。もちろん、まだ律令は定められていなかったから、この立太子記事は、律令制下とは異なる、律令制以前の「皇太子」への就位を記したものと解釈することも可能ではある。ではその場合、その地位はいかなる内容を有するものであったのだろうか。律令制下の皇太子は、現天皇の次に即位する皇族であることを本質とする存在であった。草壁も、天武天皇の次に即位することが約束された地位に就いたのであろうか。

天武は六八六(天武十五＝朱鳥《しゅちょう》元)年九月に死去した。すると、草壁が即位するのではなく、皇后(持統《じとう》)▲が即位しないまま政治を行う「称制《しょうせい》」が行われること

▼**持統天皇**　六四五〜七〇二。鸕野讃良皇女《うののさららのひめみこ》。天智天皇と蘇我倉山田石川麻呂の女遠智娘《おちのいらつめ》とのあいだに生まれ、天武天皇と婚姻を結んだ。

となった。以後、二年にわたる天武の葬送儀礼が続けられ、六八八(持統二)年十一月、ようやく天武は檜前大内陵《ひのくまのおおちのみささぎ》にほうむられた。ところが、その翌年四月、草壁皇子が死去してしまった。「称制」を行っていた持統は、六九〇(持統四)年正月、即位儀礼を挙行し、正式に天皇の座に就いた。こうした経緯から、草壁皇子には、即位が予定されながら、ついに即位せず、皇太子のまま一生をおえた悲劇の皇子というイメージがあたえられることになったのである。

しかし、このようなイメージはさておき、なぜ、天武死後に草壁皇子が即位せず、皇后が称制を行ったのか、また、大内陵への埋葬が終った翌年正月、なぜ草壁皇子が即位しなかったのかという疑問をいだかざるをえない。死去時に二八歳と推定される草壁皇子は、天武死去時には二四歳に達していたものとみられるが、この年齢は、即位するに十分であった。壬申《じんしん》の乱《らん》▲を経験したばかりの政界にあって、偉大な大王天武の死後、混乱を恐れて、天武とともに壬申の乱を戦ったパートナー・持統が政権を担ったと説明されても、即位を予定され、約束されていたはずの草壁皇子がなぜ即位しなかったのか、なぜ即位を先延ばしされねばならなかったのか、理解しかねる。はたして、そもそも草壁皇子は、

▼**壬申の乱**　六七二(天武元)年、天智天皇死後の皇位継承をめぐって起こった古代最大の内乱。天智の皇子大友と天智の弟大海人《おおあま》とのあいだで戦われ、大海人の勝利に終った。

天武天皇の次の天皇となるべき地位に就いたのであったのだろうか。

そこでまず注目したいのが、草壁皇子の呼称である。

天武二(六七三)年二月癸巳《きし》条は、天武の皇子女を母親ごとに記す、いわゆる帝紀的記述であるが、ここに皇后(持統)との所生子として諸王子中第一に「草壁皇子尊」と記される。「皇子尊(ミコノミコト)」という呼称は、とくに高貴な王族に使われる尊称として説明されることが多いが、天武・持統期にはそれにとどまらない、具体的限定性をもった、一種の制度的称号として使用された可能性を考えねばならない。それは、もう一人、天武諸皇子中に「ミコノミコト」と呼称された人物、高市皇子《たけちのみこ》がいるからである。用字こそ異なるが、高市は同じ帝紀的記述のなかで「高市皇子命」と記される。「高市ノミコノミコト」と記されるのは『日本書紀』ではこの一カ所のみであり、草壁が草壁皇子尊もしくは皇太子・太子と記されるのとは趣きを異にするように思われるかもしれない。しかし、高市皇子の死去を伝える『日本書紀』持統十(六九六)年七月庚戌《こうじゅつ》条が「後皇子尊《のちのみこのみこと》薨《みう》せましぬ」と記していることに注目しなければならない。「後」とあるからには「先」があったはずであり、当然それは草壁皇子尊と考えざるをえない。

高市が「ミコノミコト」と呼ばれていたことは『万葉集《まんようしゅう》』でも確認できる。一五六～一五八番歌には「十市皇女《とおちのひめみこ》薨《かむあが》りましし時、高市皇子尊《たけちのみこのみこと》の御作歌《みうた》三首」、一九九～二〇二番歌には「高市皇子尊の城上《きのへの》殯宮《あらきのみや》之時、柿本朝臣人麻呂《かきのもとのあそんひとまろ》の作る歌一首 幷《ならびに》短歌」の標題がみえ、二〇二番歌の左注に「日本紀を案ずるに云わく」として、前記の「後皇子尊薨」が掲げられているのは、高市皇子尊＝後皇子尊を端的に示している。また、高市の男子である長屋王《ながやおう》邸から、「後皇子 後皇子命宮」と習書《しゅうしょ》された木簡《もっかん》が出土したことはさきにも述べたとおりであるが、これらの史料から、高市が生前から、また死後も「後皇子尊」と一般に呼称されていたことがまちがいないことは明らかである。

一方、草壁はどうかというと、まず『続日本紀《しょくにほんぎ》』では「日並知皇子尊《ひなみしのみこのみこと》(命)」「日並知皇太子」と記されており、「草壁皇子尊」の記述はみえない。同様のことは『万葉集』でも確認できる。一一〇番歌および一六七～一六九番歌標題に「日並《ひなみし》皇子尊《みこのみこと》」、また、四九番歌では歌中に「日雙斯皇子命《ひなみしのみこのみこと》」、あるいは単に「皇子尊《みこのみこと》」(一七一～一九三番歌標題)とみえ、「草壁皇子尊」の記述はみられない。また、聖武天皇死後、その遺愛の品々を東大寺盧舎那仏《とうだいじるしゃなぶつ》に献じた際につくられた「国家《こっか》珎宝帳《ちんぽうちょう》（東大寺献物帳）」にも「日並皇子」と記されており、生前から「草壁」の実名を避けた「日並（知）皇子尊（ヒナミシノミコノミコト）」が一般に用いられていた可能性を示唆している。

この称は、「日と並んで知ろしめす」と解するのが妥当であり、「日」とは太陽神・天照大神《あまてらすおおみかみ》の子孫たることを明確にした天武天皇をさすと考えられる。つまり、この称は、「天皇と並んで統治にあたる」皇子という、草壁皇子の政治的地位をいいあらわしたものと解することができる。とすると、高市皇子が呼ばれた「後皇子尊」とは、「後日並知皇子尊」の省略形であり、すなわち、七世紀末から八世紀初めの人びとは、草壁皇子と高市皇子は同じ政治的地位にあったと理解していたという結論に辿り着く。

では、その地位とはなんであったのか。一四一六（応永《おうえい》二十三）年に成立した『本朝皇胤紹運録《ほんちょうこういんじょううんろく》』▲は、現存するもっとも整った古い天皇系図であるが、その「高市皇子」の頭注に、「日本紀持統十年七月庚戌に、後皇子尊薨せましぬとあるは、按ずるに、草壁皇子薨せましし後、高市立ちて太子となる。仍りて後皇子尊と称す」と記されている。追記の可能性もあるが、編者洞院満季《とういんみつすえ》は、草壁

▼**『本朝皇胤紹運録』** 十五世紀前半、後小松《ごこまつ》天皇の命《めい》により、洞院満季が作成した皇室系図。満季の父公定《きんさだ》は、『尊卑分脈《そんぴぶんみゃく》』を編纂した。

皇子と高市皇子が同じ政治的地位にあったことをみぬき、それを「日本紀」(『日本書紀』)の記述に従って皇太子と考えたのである。

この結論には従えないが、二人が同じ政治的地位にあったとする認識は支持すべきである。では、その地位とはなんであったかというと、草壁皇子が死んだ翌六九〇年、高市皇子が太政大臣《だいじょうだいじん》に就任したことに注目すべきであろう。草壁皇子が就き、「日並(知)皇子尊」の称号をもって呼ばれることとなった政治的地位とは、臣下《しんか》の最上位にあって天皇の統治を輔《たす》ける、律令制下における太政大臣に相当する地位であったということになる。このように考えてくると、六八五(天武十四)年正月、冠位《かんい》の改定に際して行われた叙位で、草壁皇子尊が諸皇子中最高位の浄広壱位《じょうこういちのくらい》を授けられたことが無理なく理解される。冠位(位《い》階《かい》)は君主の前にならぶ際の序列を示す標識の役割を果たす。最高位といっても、諸皇子のなかに列するものであり、他の皇子との本質的違いはない。もし、将来における即位が制度として定められた地位に草壁皇子があったならば、このような冠位による相対的序列付与は不要であるばかりでなく、むしろ否定されるべきことではなかったろうか。冠位を授けられた草壁皇子は、諸皇子中の

▼**中大兄皇子**　六二六〜六七一。葛城皇子《かづらきのみこ》。舒明天皇と宝皇女《たからのひめみこ》(皇極《こうぎょく》・斉明《さいめい》天皇)とのあいだに生まれる。中臣鎌足とともに六四五(大化元)年の乙巳《いっし》の変《へん》の中心に立った。

筆頭者として、天武政権の中枢的機能を担ったと考えざるをえない。草壁皇子の立太子記事は、全体が『日本書紀』編者の作文であったと判断されるのである。

このように考えてくると、中大兄皇子《なかのおおえのみこ》▲（天智《てんじ》天皇）の立太子記事もまた、立太子ではなく、大王のもとに形成される政権中枢の筆頭者の地位に就いたことを意味するものと理解すべきことが明らかとなってくる。『日本書紀』孝徳《こうとく》即位前紀は、中大兄を皇太子となしたという記述に続けて、左大臣阿倍内摩呂《あべのうちのまろ》▲、右大臣蘇我倉山田石川麻呂《そがのくらのやまだのいしかわのまろ》▲、内臣中臣鎌子《うちつおみなかとみのかまこ》（鎌足《かまたり》▲）の任官を記す。中大兄は、皇太子ではなく、臣下筆頭の「太政大臣」相当の地位に就いたと考えるのが自然であろう。『日本書紀』天智十（六七一）年正月癸卯《きぼう》条の大友皇子《おおとものみこ》▲の太政大臣以下、左・右大臣、御史大夫《ぎょしたいふ》任命記事とまったく同じ文章構造である。

以上のように考えてくると、聖徳太子が推古天皇の皇太子となり、「万機を総摂りて、天皇事したまう」、「録摂政らし」められたという記述は、推古天皇のもとに形成された政権中枢＝権力核に加わり、推古の政治を輔佐したという内容で理解されるべきことが明らかとなってくる。これこそが、聖徳太子の実像であろう。天皇（大王）にかわって全政治権力を行使したのではなく、全権を

▼**阿倍内摩呂**　？〜六四九。倉《くら》梯麻呂《はしのまろ》とも。蘇我蝦夷のもとで田村皇子《たむらのみこ》（舒明《じょめい》天皇）の擁立をはかり、百済大寺《くだらだいじ》の造寺司《ぞうじし》となった。

▼**蘇我倉山田石川麻呂**　？〜六四九。蘇我馬子の孫。中大兄皇子の妃遠智娘の父。六四五（大化元）年の乙巳の変では、三韓進調《さんかんしんちょう》の表《ひょう》を読んだ。六四九（大化五）年、讒《ざん》言《げん》を受け、山田寺《やまだでら》で自害した。

▼**中臣鎌足**　六一四〜六六九。初め中臣鎌子と称す。舒明朝に神《じん》祇伯《ぎはく》を辞任し、隠棲したが、中大兄皇子と接近し、乙巳の変を主導した。藤原姓を賜り、藤原氏の祖となる。

▼**大友皇子**　六四八〜六七二。天智天皇の皇子。母が伊賀采女《いがのうねめ》宅子娘《やかつこのいらつめ》であったことから、伊賀皇子とも。天智死後、叔父の大海人と皇位を争い、敗死した。

掌握する天皇のもとで、その執政のために政権中枢の一員となって輔佐する役割、それこそが聖徳太子がおかれた政治的地位であったのである。

## 立太子記事創出の意図

それではどうして皇太子ではなかった聖徳太子、草壁皇子を皇太子であったとする作文がなされたのであろうか。二人が即位せずに死去したことにその第一要因が求められるが、皇太子とされたことにはそれぞれ異なる理由があったと考えられる。

まず草壁皇子をみておこう。草壁皇子が天武諸皇子中の筆頭であったことはまちがいない。ただ、天武天皇のあとの天皇第一位候補であったかというと、必ずしもそうとはいえない。持統天皇を経由して、天武諸皇子の世代に引き継がれることが予定されていた可能性があるからである。事実はそうなったのであるが、持統が正式に即位儀を挙行する前に草壁が死去しており、真相は判然としない。しかし、その後の展開は、王権継承にあらたな道が開かれたことを示すものであった。それは、草壁皇子・大津皇子《おおつのみこ》▲なき後、天武諸皇子中の筆頭

▼**大津皇子**　六六三〜六八六。天武天皇と天智天皇の女大田皇女《おおたのひめみこ》とのあいだに生まれる。草壁皇子につぐ位置にあったため、天武死後、謀反を企てたとして死に追いやられた。

格にあった高市皇子死去後に明らかとなる。

持統天皇は、自身の孫にあたる、草壁の遺児、珂瑠《かるの》(軽)皇子《みこ》を皇太子に立て、皇位を譲る姿勢を明らかにした。そしてその半年後には、譲位して太上天皇となり、文武《もんむ》天皇▲を即位させたのである。『日本書紀』は持統十一(六九七)年八月乙丑《いっちゅう》朔条の「天皇、策《みはかりごと》を禁中《おおうち》に定めて、天皇位を皇太子に禅《くにさ》りたまう」という一文でその全体を結んでいるが、それこそが『日本書紀』の編纂の最重要課題であった。つまり、世襲王権成立以後の世代内継承の、横への広がりを極限にまで狭め、父から子への嫡系継承を今後の王権(皇位)継承のあらたな原則とするという宣言である。「紀《き》卅巻、系図一巻」よりなる「日本紀」の編修なった七二〇(養老《ようろう》四)年、天皇は元正《げんしょう》▲であり、文武の遺児・首皇子《おびとのみこ》が皇太子の位置にあった。文武が早逝したため、文武の母、阿閇《あべの》(陪)皇女《ひめみこ》(元明《げんめい》天皇▲)、その女で文武の姉氷高内親王《ひだかないしんのう》(元正天皇)があいついで即位し、首皇子の成長を待ってその即位を実現させようとしていたのである。『日本書紀』はまさにその課題解決直前の段階で完成した。天武嫡系の皇子による皇位継承原則の歴史的正当化こそ、その最重要編纂課題の一つであった。つまり、天武嫡系継承の第一段階という

▼**文武天皇**　六八三〜七〇七。珂瑠(軽)皇子。草壁と阿閇(陪)皇女とのあいだに生まれる。高市皇子死後に開かれた会議で皇嗣に選ばれ、六九七(文武元)年、一五歳で立太子、その半年後に即位した。

▼**元正天皇**　六八〇〜七四八。氷高内親王。文武天皇の同母姉。七一五(霊亀《れいき》元)年、母の元明天皇から譲位され、即位した。在位中に『日本書紀』が完成。

▼**元明天皇**　一六ページ参照。

べき草壁皇子について、生きていれば必ず即位が約束されていた存在であったということを、歴史事実として定着させなければならなかったということになる。こうして草壁皇子の立太子記事が創出された。そしてさらに、草壁皇子の「立太子」を補強するために、草壁皇子と同じように、天皇のもとに形成される権力中枢の構成員となり、執政に足跡を残していた聖徳太子をも皇太子とする作文が行われた。二人の立太子記事が同一構文であるべき必然性が、そこにあったのである。

もう一つ、この推測を補強する材料をあげておこう。それは、草壁皇子の立太子が、天武天皇の発した律令制定の詔《みことのり》に続けて記されていることである。大宝令《だいほうりょう》▲が文武のもとに制定され、聖武即位を間近にひかえた七二二(養老六)年、養老律令▲の編纂がほぼ完了していた。とすると、草壁皇子と飛鳥浄御原《あすかきよみがはら》令《りょう》▲とを関係づける必要があり、それが律令制定の詔に続く立太子記事となったのであろう。付言すれば、存在に疑問がもたれる天智天皇の近江令《おうみりょう》▲も、こうした文脈のなかで考えてみる必要があると考えられる。

さて、聖徳太子に対しては、それが憲法十七条の制定として描かれることに

▼**大宝令**　七〇一(大宝元)年、刑部《おさかべ》親王・藤原不比等らにより完成。七五七(天平宝字《てんぴょうほうじ》元)年まで施行された。散逸したが、『令《りょうの》集解《しゅうげ》』におさめられた『古記《こき》』により、一部が復原される。

▼**養老律令**　元正天皇の命を受け、藤原不比等らが養老年間(七一七〜七二四)に編纂を開始。ほぼ完成しながら不比等死去により施行されず、藤原仲麻呂《なかまろ》主導のもと、七五七(天平宝字元)年に施行された。

▼**飛鳥浄御原令**　天武天皇の命により、六八一(天武十)年、編纂が開始され、持統天皇の六八九(持統三)年、諸司に示された。存在が確実な最初の法典。

▼**近江令**　天智天皇の命を受け、六六八(天智七)年、藤原鎌足らによって完成したとされるが、制定の確実な資料がなく、存在を否定する説も強い。

なる。推古紀中、唯一、「皇太子、親《みずか》ら肇《はじ》めて憲法十七条作りたまう」と、皇太子の事績であることを強調するこの書法は、法(律令)の制定を皇太子の役割と結びつけるための修辞とみてはじめて理解されよう。律令法に基づく国家の君主たる天皇像をつくりあげるためには、その淵源とされた聖徳太子が法の制定者でなければならなかったのである。やはり憲法十七条は、聖徳太子の虚像を構築するための『日本書紀』編者の作文とみなければならないであろう。

以上、推古天皇の皇太子として、天皇にかわって政治を行ったという『日本書紀』の記述は、実は天皇にならずして死去した草壁皇子が、死去しなければ天皇になっていたという『日本書紀』の主張を補強するための作文であり、聖徳太子の真実の姿を伝えるものとはいえないことを述べてきた。しかし、聖徳太子が、草壁皇子の歴史的前提に選ばれたこと自体は、それとして評価されねばならない。太子は、天武天皇のもとにおかれた、政権中枢の首座にいた草壁皇子に匹敵する政治的位置にあった最初の王族として記憶されていた。だからこそ、草壁皇子の歴史的前提として選ばれたのである。その地位の名称はともかく、太子が推古天皇のもとに形成された権力中枢の一角を占める、王族の代表であったことは認めるべきであろう。では、推古天皇のもとに形成された権力核は、どのような政治課題に、どのように取り組もうとしたのであろうか。次にこの視点から聖徳太子の時代、推古天皇の時代について考えていきたい。

# ③ 推古期の政治課題

## 推古期という時代

推古《すいこ》天皇の時代の一番の政治課題は、全国政権としての統治体制の創出であった。この点を説明するためには、少し時代をさかのぼり、欽明《きんめい》天皇のもとで世襲王権制が確立したことから説き起こす必要がある。

ヤマトの王が日本列島のほぼ全域と政治的関係をもつようになったのは、三世紀後半から四世紀にかけてのことであった。日本独特の墳墓《ふんぼ》形式である前方《ぜんぽう》後円墳《こうえんふん》は、その反映として注目されてきた。巨大前方後円墳の築造が近畿地方に集中することから、ヤマトの大王の強大な政治権力のおよんだ地域に前方後円墳の築造が許されたとする見方が有力で、「前方後円墳体制」という言葉で説明されることもある。しかし、墳墓の規模の大小という差はたしかにあるにせよ、前方後円形という形式を共有しているという点に注目すれば、それは強力な「支配」体制の証《あかし》とみるよりは、共通利害のために結集した同盟・連合の一員であることの表象として築かれたとみるべきである。

では、その共通利害とはなにか。それは、前方後円墳の築造に象徴される、耕地の開発、それにともなう灌漑《かんがい》・排水路の掘削などの大規模土木工事を効率的に行うための、耕起具に不可欠の資材、鉄の獲得であった。日本列島での鉄生産が始まる六世紀まで、鉄素材は朝鮮半島から供給されていた。その朝鮮半島において高句麗《こうくり》▲・百済《くだら》▲・新羅《しらぎ》▲の国家形成が進み、倭国《わこく》に鉄資源を供給していた朝鮮半島南端部、加耶《かや》▲地方の政治情勢が大きく変化しようとするなか、倭国内の首長《しゅちょう》層は、鉄の安定供給を確保するために、ヤマトの王のもとに結集し、ヤマトの王は汎《はん》日本列島規模の倭国の大王へとその姿を変えていった。しかし、その政治的位置は、鉄資源の確保という共通利害のために結成された同盟・連合の盟主であることに変わりはなかった。

『宋書《そうじょ》』倭国伝は五世紀代の倭の五人の大王讃《さん》・珍《ちん》・済《せい》・興《こう》・武《ぶ》が宋皇帝に官《かん》爵号《しゃくごう》の授与を要請した経緯を詳細に伝えているが、そこに、みずからに対してだけではなく、倭国の主要首長層への官爵号付与を求める倭国王の姿がみえることに注目しなければならない。倭国内に形成されつつある序列に対する秩序付けを、倭王は宋の皇帝に委ねなければならなかったのである。倭王はみず

▼**高句麗**　朝鮮半島基部を占め、三世紀初めに丸都《がんと》城（中国吉林《きつりん》省）に遷都。四世紀後半から百済と交戦した。六六八年、新羅により滅亡。

▼**百済**　四世紀初め、朝鮮半島西半部を統一、同後半から高句麗と対立し、倭国に七支刀《しちしとう》を贈って支援を求めた。六六〇年、都《みやこ》を失い、滅亡。

▼**新羅**　四世紀、朝鮮半島東半部を統一。六世紀初めに律令を定めて国家体制を確立した。七世紀半ば、唐と結び、朝鮮半島を統一した。九三五年滅亡。

▼**加耶**　加羅《から》とも。朝鮮半島南端部、洛東江《らくとうこう》流域の小国を総称した名称。倭国と古くから交流があり、『日本書紀』には十数カ国の名称が記される。

から秩序を創出し、それに倭国内の首長層をあてはめて政治的秩序を形成するまでには、まだいたっていなかったのである。

　ところが、六世紀にはいると様相が変わってくる。倭王を輩出してきたヤマトの大王の血統は、五世紀代には少なくとも二つあったが、そのいずれもが断絶してしまったあと、継体《けいたい》▲が迎えられた。その子、安閑《あんかん》・宣化《せんか》の時代、六世紀前半ごろから、倭王権はそれまでの同盟・連合の盟主の位置を脱し、倭国内を超越的に「統治」する政治権力へと転回をみせはじめた。それを象徴的にものがたるのが、『日本書紀《にほんしょき》』安閑元年十二月是月《このつき》条に記された、武蔵国造《むさしのくにのみやつこ》▲の地位をめぐる笠原直《かさはらのあたい》使主《おみ》と同族《うがら》小杵《おき》の抗争である。近隣の有力首長に支援を求めた小杵に対し、使主は「京《みやこ》」に訴えでて「朝庭《みかど》」の支援を取りつけ、争いに勝利して武蔵国造の地位を獲得した。そしてその見返りとして、使主は、四カ所の屯倉《みやけ》を天皇に献上したという。

　このエピソードは、倭王が倭国内の政治的紛争を調停、解決する権力を獲得し、みずから創出した秩序に首長層を位置づける体制が形成されてきたことを意味する。なぜそのような権力を獲得するにいたったか、その背景には、生産

▼**継体天皇**　?〜五三一。倭の五王の系譜がとだえた六世紀初め、越前《えちぜん》から迎えられて大王の地位に即《つ》いた。応神《おうじん》天皇五世の孫の系譜を有するが疑問。

▼**国造**　六世紀以降、ヤマト政権が各地の地域首長の支配権を承認してあたえた称号。七世紀半ばから、評《こおり》の長官に任命されていった。

関係における変化が生じていたことが考えられる。集落全体で行ってきた労働が、「家族」単位に行われるようになった結果、首長と共同体を構成する人びととの関係に変化が生じ、これが首長の地位をめぐる争いを引き起こしたものと推測される。安閑・宣化天皇の時代に屯倉・部《べ》の設置記述が集中してみえ、前述の武蔵国造の地位をめぐる争いがそうした記事のなかにはめこまれていることから、全国的規模で各地に同様の事態が生じていた可能性を推測することが可能であろう。大王への服従・奉仕と交換に首長の地位の承認をえるという、主従(君臣)関係に基づく統治体制へと、倭国の政治体制は変貌しつつあったのである。

おそらく、継体の晩年にはそうした状況にいたっていたものと思われる。そして、継体の死を契機に、大きな政治的変動が起こった。『日本書紀』が伝える継体死去の記述は、継体の死去年に異説があることを述べたうえで、本文の説を採用した根拠として『百済本記《くだらほんぎ》』▲の記述を示す。そこには、「又聞く、日本の天皇及び太子・皇子、倶《とも》に崩薨《かむさ》りましぬといえり」と記載されており、林屋辰三郎はそこから、継体死後に安閑・宣化と欽明のあいだに対立が生じ、内乱状

▼**『百済本記』**　『日本書紀』編纂に利用された百済の歴史書で、『百済新撰《しんせん》』『百済記』とあわせて百済三書《さんしょ》と呼ばれる。継体死後の政治混乱を伝える。

▼『元興寺伽藍縁起幷流記資財帳』
七四七(天平十九)年成立。奈良市元興寺の開創経緯、寺財を記す。豊浦寺《とゆらでら》に関する記述が多く、本来、豊浦寺縁起《えんぎ》で、さらにその成立を九世紀とする説もある。

態に陥ったと推測した。「辛亥《しんがい》の変《へん》」(五三一年)と呼ばれるこの「事件」については、「事件」そのものの存在を否定する意見も強いが、仏教公伝年をめぐる『日本書紀』と『上宮聖徳法王帝説《じょうぐうしょうとくほうおうていせつ》』『元興寺伽藍縁起《がんごうじがらんえんぎ》幷《ならびに》流記資財帳《るきしざいちょう》』▲の記事の食い違いをみると、継体死後、すぐに欽明が即位したと伝える史料が存在したことを否定することはできない。「内乱」という事態にまでいたったかはともかく、継体の最年長の子である安閑か、それとも五世紀代の大王の血筋に連なる欽明か、いずれを大王に推戴《すいたい》するべきかという政治的対立が発生したことは、十分考えられることである。それに、前述の倭国内各地で発生していた地域紛争が結びつき、様相をさらに複雑化・深刻化させたことであろう。この混乱を収束させた欽明は、倭王権の超越性をさらに高め、王権継承を自己の血筋に限定・固定する世襲王権制を確立したのである。

欽明の子の世代は、父によって築かれた倭国の大王の地位をいかに安定させるか、その具体的方策の樹立を課題として背負っていたといえよう。

そこでまず注目されるのが、『日本書紀』敏達《びだつ》六(五七七)年二月甲辰朔《こうしんついたち》条にみえる日祀部《ひのまつりべ》・私部《きさいちべ》の設置と、推古十五(六〇七)年二月庚辰《こうしん》朔条にみえる壬《み》生部《ぶべ》の設置である。「部」は大王と首長層のあいだに結ばれた君臣《くんしん》(主従)関係の証として、首長層から献上された人間集団であった。大王に奉仕する特殊技能者として、また経済基盤として設置された「部」は、大王のもとに結集した有力首長層(伴造《とものみやつこ》)に管理され、あるいは王族に分配されて管理されるなど、さまざまな存在形態を有していたと考えられる。まず、こうした伴造―部民《べみん》体制というべき部民の管理体制が、時間の経過とともに膨張していたことを想起すべきであろう。統一的、制度的な管理支配体制樹立の必要性が推測されるところであるが、右の日祀部・私部および壬生部の設置は、部分的ではあるものの、その一つの実現形態と評価される。

日祀部は、祭祀《さいし》にかかわる部、私部は『釈日本紀《しゃくにほんぎ》』に記された古訓「キサイチベ」から、大王のキサキのために設置された部と考えられる。壬生部は「乳部《みぶ》」(『日本書紀』皇極《こうぎょく》元〈六四二〉年是歳《このとし》条)とも記されることがあり、王族子女の資養《しよう》のためにおかれた部と考えられる。日祀部がどのような祭祀を対象とするものであったかは不明とせざるをえないが、私部・壬生部がいずれも大王の直近の王族にかかわる部であることを考えると、大王に直接関係する祭祀にかかわる部であったと推測してよかろう。

推古期の全国支配のあり方は、この点に注目して考えねばならない。大王の支配が直接およんだのは、部(人間集団)と屯倉(領域)であった。いずれも首長層の支配対象の一部を割いて献上されたので、全国各地に打ち込まれた王権の楔《くさび》と評価できるが、しかし、まだ各首長層の支配基盤は健在であった。首長層の地域支配の上に成り立つ全国政権の段階というべきであろう。

また、部の管理体制をみると、伴造―部民体制は、部とその管理者である伴造とのあいだに人格的関係を生じさせることになる。大王に対しては、伴造層、さらには伴造層の上位に立つ有力氏族《しぞく》を介して奉仕するという、支配の重層的関係が推測される。日祀部・私部・壬生部の設置は、大王の直近に限定されるものではあったが、統一的管理下におかれたという点では、制度的集中管理への一歩前進といえる。しかし、大王の直近でしかそれが実現されていないという限界性を露呈しているといわざるをえない。

七世紀前半は、このような時代であった。大王が全国の土地・人民を一括支配するという体制には程遠い状況である。しかし、首長層の支配権の一部とはいえ、それが大王のもとに吸収され、その量を増大させていたことは確実で、当然そこには管理方法の改革が求められる。推古のもとに権力中枢(権力核)が設置されたのは、この、これまでの体制では対処できない課題に取り組むことが求められたからである。旧来の、同盟・連合段階にあった倭王権の時代から行われてきた体制とは異なる、あらたな統治体制そのものを生み出していかなければならない。そのために創出されたのが、王権継承候補者群たる王族の代表者と、一般氏族の代表者とからなる権力核であった。推古政権下ではじめて形成された可能性が高いこの権力核に、氏族代表としてはいったのが蘇我馬子《そがのうまこ》であり、王族の代表者が聖徳太子であった。聖徳太子は、まさしく天皇のもとに形成された権力核に配置された初代の王族として、「草壁《くさかべ》皇太子」の歴史的前提として『日本書紀』に描かれるべき内実を有していたのである。

それでは、推古および推古のもとにおかれた権力核は、この課題にいかに取り組もうとしたのであろうか。そして、あらたに形成された権力核の一員となった王族にはどのような呼称があたえられたのであろうか。この二つの問いに対しては、この時期の中国との交渉のなかに解答のヒントが用意されている。

まず、後者、権力核にはいった王族の呼称の問題から考えていきたい。

## 六〇〇年の遣隋使記事

『隋書《ずいしょ》』▲倭国伝は、高祖文帝《こうそぶんてい》▲の開皇《かいこう》二十（六〇〇、推古八）年に倭王からの遣使《けんし》があったことを記録している。『日本書紀』にはみえないが、遣使の事実はまちがいない。隋朝廷《ちょうてい》は、倭国からの使者にさまざまな質問を行っているが、倭国の使者が伝えた情報のなかに、およそ次のような内容が含まれていた。

倭王は天を兄とし、日を弟としている。天がまだ明けないあいだは、倭王が政務を行い、日がのぼると、倭王は政務をやめて、弟に委ねている。

倭国の使者は、中国の天観念を意識し、夜間、日の照らないあいだは倭王が秩序を維持するが、日がでれば、倭王が秩序統制をせずとも自然におさまっていると、その徳の高さを、おそらく胸を張って述べたのではなかったろうか。しかし、高祖に「これ大いに義理なし」と、その荒唐無稽《こうとうむけい》さを喝破《かっぱ》され、使者はまったく相手にされることもなかったと報告せざるをえなかったのであろう。倭王武の宋への遣使（四七八年）以来、一世紀余の空白期間をおいて再開されよ

▼**『隋書』**　隋朝の正史《せいし》。唐の魏《ぎ》徴《ちょう》撰。六三六年に帝紀・列伝《れつでん》が成立し、その後、志《し》が加えられ、六五六年に現在の形態となった。

▼**文帝**　五四一～六〇四。楊堅《ようけん》。北周《ほくしゅう》の禅譲《ぜんじょう》を受けて五八一年、隋を建国し、五八九年には陳を滅ぼして、中国を統一した。

うとした中国に対する外交戦略は、その初めから頓挫《とんざ》し、再度挑戦するための準備期間を設けなければならなくなったのである。

さて、このときえた情報として、『隋書』倭国伝は以下のような記述を残している。

(1)倭王は姓を「阿毎《あめ》」、字《あざな》を「多利思比孤《たりしひこ》」とし、「阿輩雞弥《おおきみ》」と称している。
(2)王の妻は「雞弥《きみ》」という。後宮《こうきゅう》には六、七百人の女性が仕えている。
(3)太子を名づけて「利歌弥多弗利《わかみたふり》」という。
(4)城郭はない。
(5)内官に一二等ある。徳《とく》・仁《じん》・義《ぎ》・礼《らい》・智《ち》・信《しん》に大小の区別があり、それぞれ員数に定数は決められていない。
(6)「軍尼《くに》」一二〇人がいて、これは中国の牧宰《ぼくさい》（地方長官）にあたる。
(7)八〇戸に「伊尼翼《いなぎ》」一人をおく。これは里長に相当する。一〇人の「伊尼翼」が一人の「軍尼」に統轄される。

以下、風俗記事が続くが、省略する。本節の課題は、(1)〜(3)の記述にみえる倭王・王妻・太子の名称について考えることであるが、その前に(4)〜(7)についてみておきたい。

(4)は倭国の王宮《おうきゅう》が中国の都城《とじょう》と異なることを伝えている。中国の都城は、城壁が街区を囲繞《いにょう》する。対して倭国は、王宮は存在するものの、街区はまだ存在せず、したがって街区を囲繞する施設はありようもない。倭国からの使者たちは、その城壁の異様さに驚かされたことであろう。

次に(5)は冠位《かんい》十二階《じゅうにかい》をさすことは明らかであるが、『日本書紀』はその制定を推古十一(六〇三)年十二月とする。この情報が六〇〇年に伝えられたとすると、開皇二十年という年紀に誤りがあるのではないかということになるが、そうではあるまい。その後伝えられた情報が、倭国伝編修の過程で開皇二十年の遣使にかけて叙述されたとみるべきであろう。冠位の順位についても、『日本書紀』は徳・仁・礼・信・義・智の順とし、『隋書』の記述とは異なっている。『隋書』は同時代性が高く、倭国伝は外交文書などに基づく信頼度の高い情報を伝えていると資料価値を高く評価されている。しかし、次の(6)・(7)についてもいえるように、内容がすべて正しいとは限らず、文明の進んだ中国の側からの類推・整合化が行われていることに注意が必要である。

▼**成務天皇**　記紀《きき》系譜上、第十三代の天皇。景行《けいこう》天皇の第四子とされるが、稚足彦《わかたらしひこ》の名より、七世紀の修史事業で創出された可能性が高い。

さて、その⑹・⑺であるが、まず⑹の「軍尼」とは「クニ」という和語の音の写しで、国造(クニノミヤツコ)をさすことはまちがいないが、その数を一二〇とする点には疑問がもたれる。『隋書』の編纂者が国造を「牧宰のごとし」と判断したことには合点がいく。しかし、たしかに国造は、大王から名乗ることを許された地域首長としての政治的位置をあらわす称号ではあるが、中国が考える「官」とは異なり、独自の権限を有する自立度の高い存在であった。

次に⑺の「伊尼翼」は、「伊尼冀」の誤記で、「イナギ」の音の写しであろう。『日本書紀』はこれに「稲置《いなぎ》」の字をあて、成務《せいむ》五年九月条で、「国郡《くにこおり》に造長《みやつこおさ》を立て、県邑《あがたむら》に稲置を置く」と説明している。この記事自体は、国郡制の淵源を成務天皇▲に仮託して作文されたものであるが、稲置を国の下部組織の管轄担当者とする説明は、「伊尼翼」一〇人が「軍尼」一人に管轄されるとする『隋書』倭国伝の記述と通ずるところがある。しかし、史料にみえる稲置の分布を地図に落としてみると、畿内《きない》およびその周辺に集中しており、国造の支配領域の下部組織として、普遍的に認められる様相はみられない。稲置は、大王のもとに集積された、王族の経済基盤となる土地の管理・運営を任務とする官職と理解してよかろう。日祀部・私部・壬生部の設置を想起するならば、王族の経済を直接担う直轄領に官職がおかれたことは十分に考えられる。大王、そして王族の直轄する部分で統一的管理・支配方式が整備されはじめたことが確認される。

さて、(4)〜(7)をみてきた目で(1)〜(3)をみると、次の二点に留意すべきことに気づかされる。まず第一は、それらがすべて開皇二十年にえられた情報とは限らず、その後にえられた情報も含まれていた可能性があるという点である。第二は、中国側の整合的理解が加えられている可能性があるという点である。この二点に留意し、(1)〜(3)についてみていきたい。

(1)は倭王の呼称・称号についての有名な記述であるが、これは「オホキミアメタリシヒコ」という名乗りを、中国側の解釈に従って記述したものとする、森公章の見解に従うべきであろう。「阿輩雞弥」には「アメキミ」の訓を付す説もあるが、「アメ」すなわち「天」との関係は、「アメタリシヒコ」に含まれており、「阿輩雞弥」はやはり、辛亥年《しんがいのとし》(四七一)の年紀を有する、埼玉県稲荷山古墳《いなりやまこふん》出土鉄剣銘《てっけんめい》にみえる漢語「大王」の和訓として、「アフキミ＝オオキミ」の写しとみるべきである。

次に、「アメタリシヒコ」について考える。姓《せい》を確立している中国は、これを「アメ」「タリシヒコ」に分けて解釈したのだが、倭国側にはまったくそのような意図はなかったろう。森公章の説くように、「あまくだられたおかた」という、天孫降臨《てんそんこうりん》神話の思想に彩られた造語とみるべきである。世襲王権制を確立し、大王を生み出す特別な血統を、他のあらゆる血統から区別する論拠として、天孫降臨神話がこのころまでに説かれていた可能性は十分に考えられる。

中国では、のちにこの語に対して、『翰苑《かんえん》』▲が「華言《かげん》は天児《てんじ》なり」の注釈をほどこし、『通典《つてん》』▲にもこの説が引用されているが、これは遠山美都男の指摘するように、中国の皇帝をあらわす「天子」に似てはいるが、内実は異なることを含意した解釈と理解すべきであろう。「アメタリシヒコ」を「天上に満ち満ちたおかた」とする説もあるが、現実世界を支配する倭王の称号としては、やはり天孫降臨神話の思想をあらわした語と理解すべきであろう。おそらく、この称は、中国との外交を再開するにあたり、倭王を示す語として造語されたものであろう。高祖には、「大いに義理なし」と否定されてしまったが、天と日を兄弟としてみずからの地位を説こうとしたことと密接に関連すると考えられるからであ

▼**『翰苑』**　張楚金《ちょうそきん》撰の類書《るいしょ》で、六六〇年以前に成立。中国では早くから散逸し、太宰府《だざいふ》天満宮《てんまんぐう》に蕃《ばん》夷部《いぶ》がわずかに伝存する。

▼**『通典』**　八〇一年に成立した杜佑《とゆう》撰の政書《せいしょ》。二〇〇巻。中国の上古《じょうこ》から盛唐《せいとう》にいたる政治制度の沿革を述べるが、とくに唐代の記述は研究上、重要。

▼**皇極天皇**　五九四〜六六一。宝皇女《たからのひめみこ》。伯父にあたる舒明天皇と婚姻を結び、天智・天武天皇を産む。舒明死後即位し、乙巳の変《いっしのへん》が起きるとはじめて、生前譲位《じょうい》した。

る。七世紀前半代の大王である舒明《じょめい》・皇極《こうぎょく》▲の諡号《しごう》に「タラシ」が盛り込まれていることは、「アメタリ(ラ)シヒコ(ヒメ)」が、大王の呼称として用いられていたことを示すものと理解されよう。このように考えると、推古が「アメタリシヒコ」と伝えられたことに疑問を挟む必要がなくなる。「ヒコ」は男子をあらわす語であり、実際、皇極の場合は「タラシヒメ」と諡《おくりな》されているが、これは固有名詞である諡号だからこそあらわれた現象であり、その地位についていうなら、「アメタリシヒコ」でなんの問題もなかったろう。『隋書』に「ヒコ」と表記されたことをもって、女帝推古の即位時期を遅らせたり、あるいは倭国王が女帝であることを隠蔽《いんぺい》しようとしたとする解釈もみられるが、その成立の余地はなかろう。男子優先の傾向が「アメタリ(ラ)シヒコ」の語を生み、大王をさす語として採用されたと考えるべきである。

次に、(2)の王妻を「雞弥」と称すという記述であるが、王族の妻を「キミ」と称したという事例を『古事記《こじき》』『日本書紀』にみいだすことはできない。『上宮聖徳法王帝説』に記された聖徳太子のキサキの一人、膳部菩岐々美郎女《かしわでのほききみのいらつめ》の名の一部に「キミ」がみえることから、(2)の記述は王妻一般についていったものではなく、

▼『**源氏物語**』　紫式部《むらさきしきぶ》作の物語。全五四巻。一〇〇一(長保《ちょうほ》三)年から一〇(寛弘《かんこう》七)年のあいだに成立した。歌物語《うたものがたり》と伝奇《でんき》物語を統合した平安時代物語文学の最高峰。

膳部菩岐々美郎女その人をさすという説もある。しかし、この部分は倭国における倭王・王妻・太子の呼称一般を記述することに目的があり、固有名詞を写したとは考えられない。王妻に特別な呼称があることを確認しえなかった隋の官人《かんじん》が、倭王を「阿輩雞弥」と呼ぶことから類推して行った創作であろう。この事実は、逆に、当時の倭国において、王の妻のなかの一人を特別な呼称で呼ぶ事実がなかったことを示しているのである。

最後に(3)の太子を「利歌弥多弗利」と名づけているという記述であるが、これは『源氏物語《げんじものがたり》』▲澪標《みおつくし》・少女《おとめ》・末摘花《すえつむはな》などにみえる「わかむどほ(を)り」という和語を写したものと考えてよい。冒頭の「利」は「和」の誤記であろう。『源氏物語』では、この語は皇族の若者をさす語とされる。一方、『隋書』の「利(和)歌弥多弗利」は「若い御世嗣」と解して、聖徳太子をさすとする考えが強い。

いつの時点かは明確にしえないが、たしかに、倭国からの使者は、「ワカミタフリ」という和語を隋側に伝えている。問題は、それがどのような存在を対象とする語であると伝えられたかという点である。隋の官人は、それを「太子」と受け取った。当時の中国の語法からして、「太子」は皇帝の後継者、すなわち「皇太子」と解されるわけであるが、前章に述べたように、次期天皇という意味での「皇太子」観念が成立したのは七世紀末で、珂瑠《かるの》(軽)皇子が最初の皇太子であった。倭国の使者は、「ワカミタフリ」の語をどのような文脈のなかで隋側に伝えたのであろうか。

この問題を考えるうえで、近年、注目される発見があった。近年といっても、もう二〇年以上も前のことになるのであるが、奈良時代における「ワカミタフリ」の用例が長屋王家木簡《ながやおうけもっかん》のなかに発見されたのである。木簡のなかに、『続日本紀《しょくにほんぎ》』にみえる長屋王の子女の固有名詞に、「若翁」という二文字が付されている事例が数多く確認されていた。この二文字に、古字書を手掛りに「ワカミタフリ」の訓をあたえたのが東野治之であった。これは『隋書』の「利(和)歌弥多弗利」と『源氏物語』の「わかむどほり」をつなぐ重要な発見である。

この発見により、八世紀前半に「ワカミタフリ」は王族の子女に対する一種の尊称として用いられていたことが明らかとなった。では、隋に渡った倭国の使者は、王族の子どもたち一般に対する尊称としてこの語を伝えたのかというと、たしかにその可能性は否定できない。しかし一方で隋の側に立てば、知りたい情報は、倭国が倭王を中心にどのような政治体制を整えているのかということであったろう。とすると、推古天皇のもとに組織された権力中枢に、「ワカミタフリ」と呼ばれる王族が含まれていたことが伝えられ、それが「太子」と認識された可能性が考えられる。

では、「ワカミタフリ」は政権中枢に加わった王族に限定的に使われる語であったかというと、その約一世紀後には日常的な、尊敬の意をこめた汎称として使用されていることに留意しなければならない。この事実に注目するなら、「ワカミタフリ」については、七世紀前半段階において、八世紀前半段階と同様の用法が行われていたと考えるほうが穏当であろう。世襲王権制を確立した欽明天皇の血縁につながる、将来王権継承にかかわる資格を有する人びとが他と区別され、あらたな呼称をもって呼び分けられた可能性は十分認められよう。つまり、『隋書』の「利(和)歌弥多弗利」、長屋王家木簡の「若翁」、『源氏物語』の「わかむどほ(を)り」は、皇(王)族の若者をさす語として、一貫した意味で理解されるということになる。この語が『古事記』『日本書紀』にみえないのは、日常的な尊称として用いられていたためであろう。王族の身分を表示する語は「ミコ」または「オオキミ」であり、「王」「皇」の文字があてられ、「ワカミタフリ」が使われることはなかった。

おそらく、政権中枢の構成員を示す語がまだ成立していなかったため、政権中枢に、王族という属性から参加した人物をさす言葉としてふさわしいと判断され、「ワカミタフリ」が倭国の使者から隋に伝えられたのであろう。それはやはり、聖徳太子を措《お》いてほかに考えることはできない。後世、王族政治家として、聖徳太子が格段の位置付けをあたえられたことの背景には、以上のような歴史事実、認識があったと考えられる。ただ、それが『日本書紀』の記すような「万機を総摂りて、天皇事」したという姿ではなかったことは、改めて強調しておかねばならない。聖徳太子は、あくまでも推古天皇のもとにおかれた権力中枢を構成する一人だったのである。

このように述べてくると、そうした地位をあらわす語はすでに成立していたのではないか、「大兄《おおえ》」がそれであり、皇太子制度の前身として「大兄」制が存在していたのではないかという批判が投げかけられるであろう。たしかに、「大兄」という語は王族のあいだで使用されていた。しかし、この語は政治制度の用語として用いられたものではない。推古の死後、舒明天皇の時代に、少なくとも三人の皇子たちが同時期に「大兄」と称されていた。聖徳太子の子山背大兄王《やましろのおおえのみこ》▲と舒明天皇の二人の皇子、古人大兄皇子《ふるひとのおおえのみこ》▲と中大兄皇子《なかのおおえのみこ》である。古人大兄と中大兄は母を異にし、それぞれ生育地にちなんだ大市皇子《おおちのみこ》、葛城皇子《かづらきのみこ》という名を有していた。しかし、『日本書紀』では二人を古人大兄、中大兄と記すことが多い。ともに舒明の皇子であった二人を呼ぶにわかりやすい別称として、実際に用いられることが多かったからであろう。大市皇子のほうが年長であったため古人大兄、葛城皇子は舒明の皇子中、大市につぐ大兄であったことから、二番目のという意味の「中」をもって中大兄とそれぞれ呼ばれたのである。

ここで、「大兄」が皇太子に相当する制度的称号でなかったことは明らかである。古人大兄、中大兄は同母兄弟中の最年長者であった。また、山背大兄王も、聖徳太子と蘇我刀自古郎女《そがのとじこのいらつめ》▲とのあいだの第一子であった。つまり、「大兄」とは基本的に「長男」を意味する、尊敬の念をこめた呼称と考えられる。荒木敏夫は、単なる長子の意味ではなく、族長権の継承にかかわる語と強調している。なぜ長子に特別な呼称があたえられたかということも含めて考えると、経済基盤を

▼**山背大兄王**　?〜六四三。聖徳太子の長子で、母は蘇我馬子の女《むすめ》刀自古郎女。太子死後、その宮を継承。蘇我入鹿《いるか》に攻められ、妻子と自害した。

▼**古人大兄皇子**　?〜六四五。古人大市皇子とも。舒明天皇の皇子で、母は蘇我馬子の女法提郎女《ほほてのいらつめ》。乙巳の変後、吉野《よしの》に隠棲したが、攻め殺された。

▼**蘇我刀自古郎女**　生没年不詳。蘇我馬子の女で、聖徳太子と婚姻を結び、山代(背)大兄王、財《たから》王、日置《へき》王、片岡《かたおか》女王を生んだ。

▼『北史』　李大師《りだいし》の始めた南北《なんぼく》朝《ちょう》時代の通史編纂事業を受け継いだ、子李延寿《りえんじゅ》によって完成された北朝の歴史書。全一〇〇巻。『南史《なんし》』は八〇巻。

含めた「宮」の継承にかかわっていたことがまず考えられる。いうまでもなく、山背大兄王は聖徳太子の斑鳩宮《いかるがのみや》＝上宮《かみつみや》の継承者であった。ここで、『北史《ほくし》』▲新羅伝《しらぎでん》の次の記述に注目したい。

　新婦の夕、女、先ず舅姑を拝し、次いで即ち大兄・夫を拝す

『北史』新羅伝はほとんど『隋書』を下敷きに書かれているが、この部分は『隋書』と若干の違いをみせる。『隋書』は「新婦」を「新婚」と記し、「大兄」の二文字を欠く。『北史』の「新婦」は『隋書』のとおり、「新婚」とすべきであろう。すなわち、この一文は婚姻習俗を述べたもので、女（新婦）がまず夫の両親に拝礼し、それから「大兄」・夫の順に拝礼するという習俗である。「大兄」は当然、夫の一族の代表者と考えられよう。このような新羅の「大兄」にならって、倭国内でも「大兄」が用いられ、族長さらには「宮」を継承する同母兄弟姉妹中の長子（男子）にも、その使用範囲が広げられたものであろう。実在の大兄が、継体天皇の諸皇子中の最年長者　勾大兄《まがりのおおえ》（宣化天皇）であったことに留意したい。あらたに開かれた継体王統の最年長の皇子を呼ぶに、それはふさわしい語というべきである。

以上、聖徳太子の就いた政治的地位が「大兄」ではなかったことを述べてきた。しかし一方、聖徳太子も「大兄」と呼ばれた可能性は十分あったのに、たとえば「廐戸《うまやと》大兄皇子」という表記はどこにもみえない。それはなぜかという疑問が浮上してくるが、この問いに対しては、古人大兄・中大兄の父である舒明天皇が、即位前に田村皇子《たむらのみこ》と記され、「田村大兄」とは一度も記されたことがない事実を記すにとどめておく。「大兄」と呼ばれる内実を有しながら、「大兄」と呼ばれなかった皇子は少なからず存在した。しかし、なぜ「大兄」と呼ばれなかったのか、その理由を明らかにすることはできない。実名以外の、他の称をもって呼ばれることがあった場合に、「大兄」は用いられなかったのであろうか。聖徳太子の場合、「上宮」を冠する呼称が行われていたのであろうか。『古記《こき》』は、「上宮太子」を通り名として認識していた。あるいは、「上宮太子」が聖徳太子の通称として用いられたのであろうか。『古事記』『日本書紀』が、新旧の生活空間をならべた「上宮廐戸豊聡耳」をその名と伝えているのも、そのためかもしれない。

## 推古期の政治課題

大王のもとに、政策立案・執行の中心となる政権中枢があらたに形成されたこと、これが推古の時代の特色であった。その一角に王族がすえられることとなり、そしてその地位にはじめて就いたのが聖徳太子であった。では、そこにはどのような政治課題があり、それにどのように取り組もうとしたのであろうか。最後にこの点についてみていきたい。

推古の直面した最大の課題が、汎日本列島規模の統一政権として、それにふさわしい新体制をいかに構築するかという問題であったことはすでに述べたが、朝鮮半島の政治情勢にいかに対処していくかということも、もう一つの課題として取り上げねばならない。この二つの課題は、石母田正が指摘したように、相互に密接にかかわり、不可分の一体の問題として存在していた。

世襲王権制確立後、屯倉・部民を集積し、全国におよぶ統一政権としての体制構築が課題となっていた。しかし、全国規模の政権といっても、いまだ、各地の首長層の自立度は高く、政権が直接管理できたのは、屯倉・部民と、王宮周辺の直轄地に限られていた。それでも、その量、所在地域は拡大していたから、その管理方式が開発されねばならない。

国内的には順調に王権強化が進められていたようにみえるものの、五世紀までの王権の求心力の源泉となっていた朝鮮との外交関係は、高句麗・新羅・百済三国の国家形成の進展にともない、大きな問題をかかえていた。紀元前後ごろから深いつながりを有していた朝鮮半島南端部、加耶《かや》諸国は新羅・百済に吸収されていき、四世紀以来、友好関係を結んできた百済も、三国の勢力争いのなかで安泰なものとはいいがたい状況に追い込まれていく。朝鮮半島内部における政治的・軍事的緊張は高まり、存続をかけた緊迫した時代を迎えていた。そこに決定的ともいえる影響をおよぼしたのが、漢《かん》帝国以来、中国全土におよぶ統一をなしとげた隋帝国の出現であった。隋を中心とした外交戦略が繰り広げられ、倭国もこの動きに無縁ではいられなくなってくる。

六〇〇(推古八・開皇二十)年、倭国から隋に使者が派遣された。『日本書紀』がまったくふれないこの遣使については、倭の五王の最後の武の遣使(四七八年)から一世紀以上の時を隔て、正式の使者を派遣するための事前調査として派遣されたからではないかという見方もある。しかし、正式に派遣した使者ではあったものの、すでにみたように、隋からはまったく相手にされず、用意した「天」観念をあっさり否定され、再度準備を整えて送った遣使を初度と偽装したというのが、『日本書紀』の示すところであろう。

六〇七（推古十五・大業《たいぎょう》三）年、推古は大礼小野妹子《おののいもこ》▲に通事《おさ》鞍作福利《くらつくりのふくり》▲をそえて派遣した。六〇三（推古十一）年に小墾田宮《おはりだのみや》に遷って宮室《きゅうしつ》を整え、冠位十二階を定めて、六〇四（同十二）年には朝礼方式を跪伏礼《きふくれい》とする改定を行うなど、使者の派遣に対する返礼使節接遇の準備も整えての小野妹子の派遣であった。

しかし、前回は準備をせず、おそらく今回はじめて、練りに練って持参させた国書《こくしょ》がまた問題を起こしてしまう。『日本書紀』は妹子派遣の事実しか記さず、国書についてはふれないが、『隋書』にその内容が記録されている。あの有名な「日出《い》ずる処の天子、書を日没《ぼっ》する処の天子に致《いた》す、恙《つつが》なきや」に始まる国書である。これを聞いた煬帝《ようだい》▲は、「蛮夷《ばんい》の書、無礼《ぶれい》なる者あり、復《ま》た以《もっ》て聞《ぶん》するなかれ」と、外交担当の鴻臚卿《こうろけい》に命じた。この煬帝の怒りについては、日本をこれから栄えようとする「日出ずる処の国」、隋をこれから衰えていく「日没する処の国」と表現したことがその原因であるとする説が、今でも学校教育の場で

▼**小野妹子**　生没年不詳。六〇七（推古十五）年、国書を持参して隋に遣使し、翌年、隋使裴世清《はいせいせい》とともに帰国した。隋から蘇因高《そいんこう》の名をあたえられる。六〇八（推古十六）年、裴世清を送り、隋に渡った。

▼**鞍作福利**　生没年不詳。六〇七（推古十五）年、小野妹子が隋に派遣されたとき、通訳として同行、六〇八（同十六）年にもふたたび隋に渡り、そのまま隋にとどまった。

▼**煬帝**　五六九〜六一八。隋第二代の皇帝。黄河《こうが》と長江《ちょうこう》を結ぶ運河を建設した。領土拡張に積極的だったが、三度にわたる高句麗遠征に失敗し、側近に殺された。

は行われているようであるが、これは現代人の語感に基づく謬説《びゅうせつ》である。煬帝の怒りは、隋の君主《くんしゅ》を倭王と同じ「天子」の呼称であらわしたことにあった。「日出ずる」「日没する」の語は、東野治之が明らかにしたように、「日出ずる」＝東、「日没する」＝西という方位表現にすぎなかったのである。

この点について、もう一つ注意しておくべきことがある。それは、この方位表記が『大智度論《だいちどろん》』▲などの仏典《ぶってん》に基づく表現だったという東野の指摘である。残念ながら、国書の内容についてこれ以上の情報は伝えられていない。しかし、作文にあたっては、相当程度、仏教経典《きょうてん》が下敷きに使われていたのではないかと推測される。それは『隋書』倭国伝に記された使者の言葉を重視しなければならないと考えるからである。『隋書』は使者が口頭で、「聞く、海西の菩薩《ぼさつ》天子、重ねて仏法を興《おこ》すと。故《ゆえ》に遣わして朝拝《ちょうはい》せしめ、兼ねて沙門《しゃもん》数十人、来りて仏法《ぶっぽう》を学ぶ」と伝えたという。隋・唐《とう》▲からさまざまな文化を学び、とくに政治制度面において、律令《りつりょう》に基づく法治体制をまがりなりにも完成させたことを知っている現代人にとって、遣隋使《けんずいし》の目的は政治制度の学習が主であり、仏教は先進文化の一つとして受容されたにすぎないという理解は、受け入れやすい

▼**『大智度論』**　大品般若経《だいぼんはんにゃきょう》の注釈書で一〇〇巻よりなる。鳩摩羅《くまら》什《じゅう》の漢訳のみ伝来し、中国・日本で盛んに用いられた。

▼**唐**　隋末の混乱のなか、李淵《りえん》が禅譲を受けて六一八年開いた。その子李世民《りせいみん》のとき、律令格式《きゃくしき》を制定し、強大な中央集権体制を築いた。九〇七年滅亡。

考え方であろう。しかし、それは本当に正しい理解であろうか。使者の言葉は、あくまでも建て前であり、本心は政治制度の学習・摂取にあったと考えるべきなのであろうか。

この点について、遠藤慶太が、儒教《じゅきょう》・仏教を東アジアにおける普遍的知識と規定したうえで、僧侶の、文筆能力に基づく外交能力を指摘していることに注目したい。遠藤の直接の問題関心は、藤原鎌足《ふじわらのかまたり》の子である貞恵《じょうえ》▲の入唐《にっとう》修学の意味を読み解こうとするところにあるが、それは七世紀初頭、隋との交渉を始めようとしていた段階にもそのままあてはめることが可能であろう。より直接的・現実的課題は文筆能力にひいでた人材の育成で、そのために仏教修学がその効率的手段として選ばれたということになろうが、遠藤の指摘は、仏教・儒教の修得が単なる技術修得の手段でないことを示唆した点で重要である。普遍的知識の修得、それこそが中国を中心とする東アジアにおける世界標準を満たすことにほかならず、使者の言葉は倭国が世界標準修得に取り組むことを宣言したものと理解されるのである。

黒田裕一は、『隋書』倭国伝において、「新羅・百済、皆、倭をもって大国に

▼**貞恵**　六四三〜六六五。藤原鎌足の長子で、定恵・貞慧にもつくる。六五三(白雉《はくち》四)年、唐に渡り、六六五(天智四)年、帰国後死去した。『藤氏家伝《とうしかでん》』上巻に「貞慧」伝がある。

して珍物《ちんぶつ》多しとなし、並びにこれを敬仰《けいぎょう》し」たと記されることについて、隋代における「大国」がどのように観念されたかを検討している。黒田によれば、単なる国の大小や軍事的強弱のみならず、儒教思想に基づく礼的秩序社会を形成しているか否かが「大国」の評価基準となっていたという。六〇〇年の遣使がまったく相手にされなかった反省のうえに、儒教思想の修得が進められ、その政治的到達点として示されたのが六〇三年の冠位十二階の制定であった。六〇七年、国書を携えて隋に渡った小野妹子は、徳位を最上位に、五常の徳目《とくもく》「仁・礼・信・義・知(智)」よりなる冠位制がしかれていることを誇りやかに伝えたことであろう。

儒教・仏教の修得は、まさに中国を中心とする東アジア世界の世界標準であり、その修得こそが「国」として存在する基盤であると認識されていたのである。統治制度を整える前に、儒教・仏教の理解・摂取こそがまず果たされるべき政治課題であった。そしてその実践的担い手となったのが僧侶であった。僧侶は漢訳仏典を読誦する能力から、儒教をもまた兼修したのであろう。時代はくだるが、八世紀前半、新羅に渡り、帰国後、大安寺《だいあんじ》に止住した僧審祥《しんしょう》▲の所蔵し

▼**審祥**　生没年不詳。奈良時代の僧侶。審詳にも。唐に学んだが、新羅学生とも呼ばれ、新羅でも学び、華厳経《けごんきょう》に精通した。大安寺に止住した。

ていた書物目録が正倉院文書《しょうそういんもんじょ》のなかに残されている。それをみると、仏典は当然ながら、幅広い分野にわたる、いわゆる外典《げてん》の書目が多くみえる。逆に、留《る》学生《がくしょう》（俗人《ぞくじん》）ながら、在唐中に仏教にも造詣を深めた吉備真備《きびのまきび》▲のような人物もいた。それはけっしてまれなケースではない。むしろ、俗人（官人）は儒教、僧侶は仏教という役割分担的認識こそが後世の産物で、重点の違いは当然ながら、基本的には儒・仏併修が留学生・僧の共通の課題であったと考えてよい。こうした傾向は平安《へいあん》時代にも継続された痕跡がある。その淵源が推古天皇の時代に求められるということになるのである。

東アジアの普遍的知識である儒教と仏教を修得し、統一政権樹立のための政治基盤をつくりだすこと、これこそが推古の時代の最大の政治課題であった。

## 外交と仏教、そして聖徳太子

推古期の倭国の政治課題は、倭国だけの課題ではなかった。すでに朝鮮諸国はその課題に取り組み、実践に移していた。推古期の倭国がその重要性に気づき、みずからもその修得に乗りだした背景には、こうした先進国、すなわち高

▼**吉備真備**　六九三?〜七七五。七一七（養老《ようろう》元）年、唐に渡り、七三四（天平六）年、玄昉《げんぼう》とともに帰国。多くの書籍・文物を将来した。阿倍《あべ》皇太子（孝謙《こうけん》天皇）の皇太子学《がく》士《し》をつとめた。

句麗・百済・新羅の活動があった。

倭国は四世紀後半以来、百済と友好関係を結び、五世紀前後ごろには高句麗の百済侵攻に対して軍事支援を行っていたことが、「高句麗広開土王碑文《こうくりこうかいどおうひぶん》」▲によって知られる。六世紀に進んだ高句麗・百済・新羅の国家形成は、倭国が足場を築いていた朝鮮半島南端部、加耶諸国を消滅させ、倭国の外交活動に大きな打撃をあたえた。六世紀後半、欽明天皇の時代に始まる「任那《みまな》▲復興」問題は、推古の時代にも継続課題となっていた。そこにあらたな国際情勢の変化を惹き起こしたのが隋の出現である。

いち早く対応したのが高句麗であった。隋と国境を接する高句麗は、隋が五八九年、陳《ちん》を滅ぼして中国全土を統一すると、その翌五九〇年、遣使して上開《じょうかい》府儀同三司《ふぎどうさんし》遼東郡公《りょうとうぐんこう》に叙され、当面の友好関係を樹立した。その一方、かつては交戦の経験もある倭国に、五九五年、僧慧慈《えじ》を送って友好関係を結ぼうとしている。これは、百済の、倭国との交渉に学んだものと推察される。

四世紀半ば以来、倭国との友好関係を保ってきた百済は、欽明天皇の時代から倭国に仏教を伝えていたが、五八七年、蘇我馬子が政敵物部守屋《もののべのもりや》▲を滅ぼし

「**高句麗広開土（好太）王碑**」（中国吉林省集安《しゅうあん》市所在）

▼「**高句麗広開土王碑文**」 好太《こうたい》王《おう》碑文とも。好太王の子長寿王《ちょうじゅおう》が、四一四年、陵《みささぎ》に近接して建立した顕彰碑。四世紀末～五世紀初頭の朝鮮半島・倭国の関係を記す。

▼**任那** 古代朝鮮半島南端部の小国の一つ。金官加羅《きんかんから》をさすと思われるが、『日本書紀』では加耶（加羅）の総称として使われる。

▼**物部守屋** ?～五八七。敏達・用明天皇のもと、大連《おおむらじ》にあった。蘇我馬子と対立、とくに仏教信奉に反対したという。

て（丁未《ていび》の役《えき》）、本格的な仏教寺院の建立《こんりゅう》をめざすと、僧侶に加え、寺工《てらたくみ》、鑪盤《ろばん》博士、瓦博士を送り、寺院建設に全面的支援を行う。こうして建立されたのが、のちに飛鳥寺《あすかでら》の称で呼ばれる法興寺《ほうこうじ》であった。一塔三金堂《いっとうさんこんどう》という特異な伽藍《がらん》配置は、かつて高句麗の清岩里廃寺《せいがんりはいじ》との類似性が指摘されたこともあった。しかし、百済の王都泗沘《しひ》が営まれた韓国扶余《ぷよ》で二〇〇〇年から始められた王興寺《おうこうじ》の発掘により、王興寺こそ法興寺のモデルであり、百済の最新の仏教技術が提供されて法興寺が完成したことが明らかになってきた。法興寺は、五九三年には塔の造営も始まり、五九六年には伽藍の造営の一応の完了をみたのだが、その前年、百済から慧聡《えそう》▲が派遣された。高句麗僧慧慈の来朝も同年のことであった。そして二人は翌年、ともに造営なった法興寺に止住させられることとなる。これは偶然の一致ではなく、高句麗が百済の動向を注視し、機をみて慧慈の派遣に踏み切った結果とみて誤りなかろう。「慧」字の共有からは、二人の法脈のつながりが推測され、あるいは連絡をとりあっての来朝であった可能性も考えられる。

その後、五九八年、隋の攻撃を跳ね返した高句麗は、仏教を軸とする対倭外

▼**慧聡**　生没年不詳。五九五年、百済から来朝し、法興寺が完成すると高句麗の慧慈とともに止住した。

交をさらに強化する。六〇五年、推古が鞍作鳥《くらつくりのとり》▲に丈六像《じょうろくぞう》の造立を命ずると、すぐに黄金を献上するという素早い対応をみせたのは、慧慈からの情報をえたからであろうか。百済・高句麗の対倭外交が、仏教を軸に進められたことに、ここでは注目しておきたい。

残る新羅との関係は対照的である。新羅は加耶諸国の最後の独立国、任那の併合を狙っていた。五九一年、新羅は任那に侵攻する。倭国はこれに対し、紀《きの》男麻呂《おまろ》▲らに二万余の軍を付して筑紫《つくし》に進ませ、新羅・任那に遣使し、新羅の加耶侵攻はいったん、停止した。五九四年、新羅は隋に入貢《にゅうこう》する。

六〇〇年、新羅はふたたび任那と交戦した。倭国からは高句麗・百済に任那救援を求める遣使が送られたが、その効果はなく、任那は新羅の支配下におかれた。倭国では、はじめ来目皇子《くめのみこ》▲が、来目皇子が病死すると当摩皇子《たぎまのみこ》▲が将軍に任命され、新羅征討軍が組織された。しかし、結局、征討軍は海を渡ることなく、この計画は六〇三年、霧消する。

六〇〇年は、『隋書』倭国伝に記された倭国の遣使があった年である。倭国の遣使には、任那問題を中心とする朝鮮との外交に、隋の力を借りて突破口をみ

▼**鞍作鳥**　生没年不詳。司馬《しば》鞍作首止利とも。七世紀前半、祖父司馬達等《たつと》・父多須那《たすな》とともに来朝。仏像製作に携わった。

▼**紀男麻呂**　生没年不詳。五六二年、新羅征討将軍となり、渡海。五九一年、再度大将軍に任命され、二万の兵を率いて筑紫に駐営した。

▼**来目皇子**　?～六〇三。用明天皇の皇子。聖徳太子の同母弟。六〇二(推古十)年、新羅征討軍の将軍となり、二万五〇〇〇人を率いて筑紫に駐屯中、病死した。

▼**当摩皇子**　生没年不詳。用明天皇の皇子。異母兄来目皇子の病死後、新羅征討将軍を引き継ぎ、難波《なにわ》から出港。しかし、妻が死去したため、引き返した。

若草伽藍（斑鳩寺）跡と出土瓦



いだしたいという期待がこめられていたのであろう。しかし、前述したように、隋からは相手にされず、征討軍も霧消するという結果に終った。

そこでめざされたこと、それこそが、世界標準の大国たる道を進むという方向転換であり、冠位十二階を整え、小墾田宮を整備して行われた六〇七年の遣使こそがその実践であった。新羅は倭国が隋との国交を開いたことに即座に反応している。六〇八年には使者を倭国に送り、さらに六一〇年には任那使人とともに来朝、翌年には任那とともに「朝貢《ちょうこう》」するという、みずからを倭国の下におく対応をしたのである。もちろん、それは『日本書紀』のいうところであり、新羅が真実、倭国に従属したということではない。実質的に任那支配を達成した新羅としては、隋と結んだ倭国が朝鮮半島に政治介入してくることを避けるため、倭国の関心の的となっている任那について、「調《ちょう》」を貢上するという決断をくだしたのであろう。

ここで、聖徳太子が内教（仏教）を慧慈《えじ》に、また外典《げてん》（儒教）を覚哿《かくか》に学んだとする『日本書紀』の記述に注目したい。『日本書紀』は聖徳太子と仏教の関わりを丁未の役から説き起こすが、これは加藤謙吉の指摘するとおり、四天王寺《してんのうじ》が、飛鳥寺と同等、あるいはそれ以上の権威をもつ寺であることを主張するための創作とすべきである。

とすると、聖徳太子と仏教の結びつきとして確実に押さえられるのは、太子が斑鳩宮《いかるがのみや》に移ってから行った、法隆寺《ほうりゅうじ》の前身、斑鳩寺（法隆寺若草《わかくさ》伽藍）の造営であったということになる。聖徳太子の斑鳩移住は、『日本書紀』推古天皇九（六〇一）年二月条に、「皇太子、初めて宮室《みや》を斑鳩に興《た》てたまう」、また同十三（六〇五）年十月条に「皇太子、斑鳩宮に居《ま》す」とみえる。『日本書紀』はその翌年、太子が『勝鬘経《しょうまんぎょう》』▲『法華経《ほけきょう》』▲の講説を行ったとするが、これには疑う説が強い。しかし、その後、斑鳩寺が造営され、造営主体が聖徳太子であったことは疑うべくもない。その創建瓦には馬子の建立した法興寺で使われた笵《はん》が利用された。聖徳太子の斑鳩移転は、単に聖徳太子の宮が移転したということだけではなく、寺院造営が組み込まれた政治的営為であった可能性が高い。

▼**『勝鬘経』**　大乗《だいじょう》仏教の経典。波斯匿《はしのく》王の娘勝鬘夫人を語り手とし、万法《ばんぽう》の生成の基盤としての如《にょ》来蔵《らいぞう》などを説く。

▼**『法華経』**　初期大乗経典の一つ。日本では、信仰・写経の功徳《くどく》が説かれ、除災招福・懺悔滅罪《ざんげめつざい》のための法会《ほうえ》、写経が盛行した。

## 聖徳太子の政治課題

聖徳太子の斑鳩《いかるが》移住について、これまでさまざまな見解が示されてきた。政治の中心、飛鳥《あすか》から北東に遠ざかる移転は、政治の中枢からの離脱を意味するのではないか。しかし、馬を使えば「通える」距離ではある。奈良盆地には稀有《けう》の斜行道路が飛鳥と斑鳩の地を結んで存在しており、太子道《たいしみち》という名称で呼ばれている。もちろん、この道路が聖徳太子のためにつくられたか否かは、それ自体、十分に検討されねばならない課題ではあるが、太子が政権中枢の一角を占めながら移住したとすれば、道路の新設はおおいにありうることである。

ここで、推古《すいこ》期の政治課題が、儒教《じゅきょう》と仏教を東アジア世界の普遍的知識として修得し、世界標準を備えた大国の位置を確立することであったことを、今一度確認しておこう。政権中枢を担う太子にあたえられた課題こそ、それ、すなわち儒教と仏教の修得だったと考えるべきではないか。それはようやく統一政権としての体《てい》をなしつつある倭国《わこく》の基盤をつくる作業であった。

では、太子はそのためにどうして斑鳩に遷り、寺院を造営せねばならなかったのであろうか。吸収すべき知識の源は朝鮮・中国にある。なかでも隋《ずい》との交渉が国政上の重要課題となっていた。その直接の門口は難波《なにわ》ということになろうが、その門口への、そしてさらにその先に存在する隋への、飛鳥からの最前衛に斑鳩が位置しているとみるべきではないだろうか。七四七(天平《てんぴょう》十九)年に作成された『法隆寺《ほうりゅうじ》伽藍《がらん》縁起《えんぎ》并《ならびに》流記《るき》資財帳《しざいちょう》』が、瀬戸内海沿岸に多くの寺領が存在したと記していることは、さきに述べたとおりである。六〇六(推古十四)年に播磨国《はりまのくに》の水田一〇〇町が斑鳩寺に施入されたという『日本書紀《にほんしょき》』の記事に注目すれば、瀬戸内海沿岸地域への法隆寺寺領の展開は、聖徳太子の活動の反映とみてよいのではないだろうか。そう考えると、『釈日本紀《しゃくにほんぎ》』に記される「伊予温湯碑《いよのゆひ》」にみえる「我法王大王《わがほうおうだいおう》」の「逍遥《しょうよう》」も、なんらかの歴史事実に基づくものである可能性も考えられる。太子の墓が河内《かわち》国の磯長陵《しながのみささぎ》(現、大阪府南河

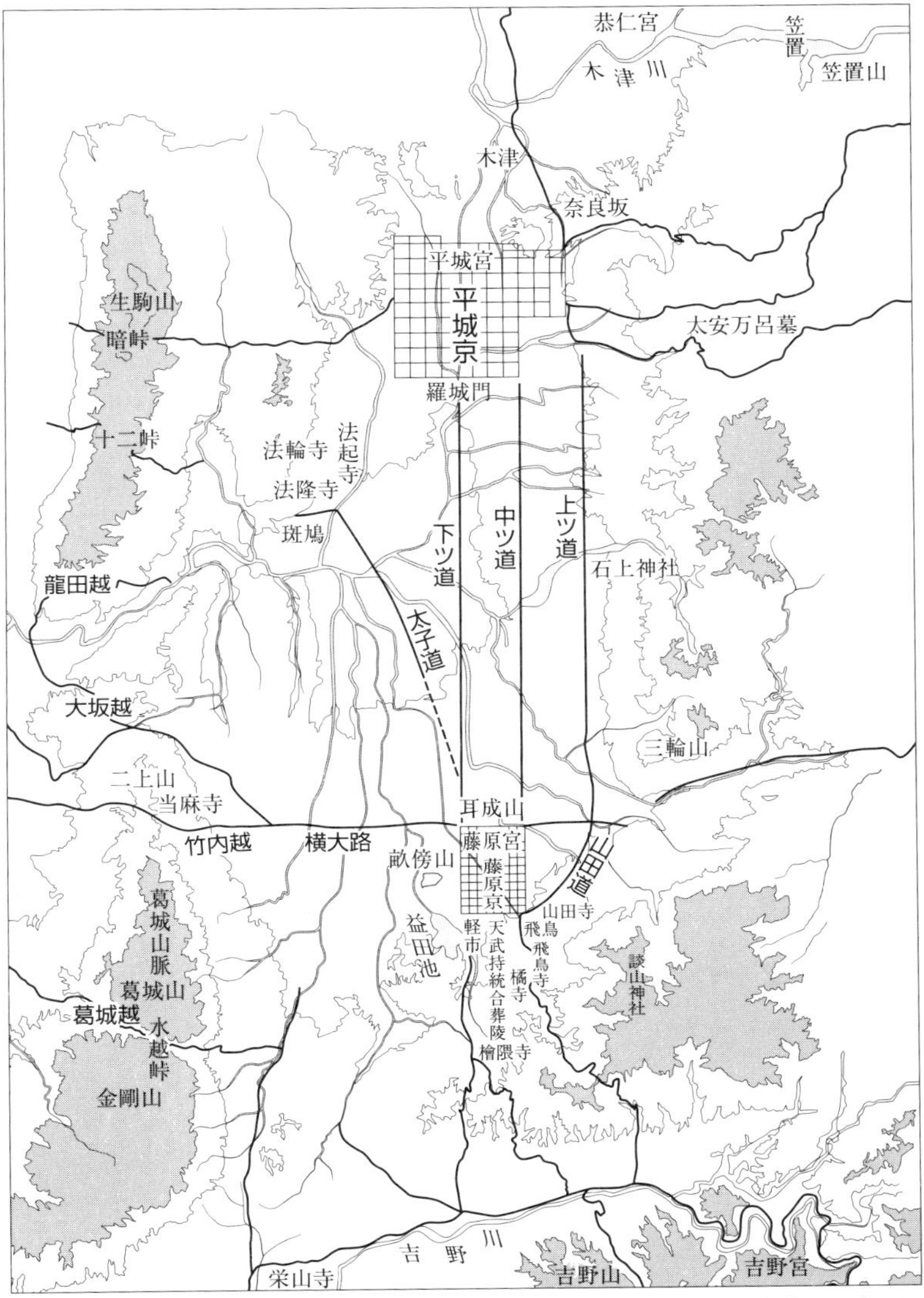


**大和の古道と宮都**（狩野久・木下正史『古代日本を発掘する１　飛鳥藤原の都』より作成）

内郡太子町大字太子の叡福寺《えいふくじ》境内の磯長墓）とされるのも、自然なことと理解される。

　斑鳩に営まれた寺院の創建瓦が法興寺《ほうこうじ》の瓦と同笵《どうはん》であったことは、蘇我馬子《そがのうまこ》と太子の密接な関係を示唆している。『上宮聖徳法王帝説《じょうぐうしょうとくほうおうていせつ》』は、「蘇我馬古叔尼《そがのうまこのすくねの》大臣《おおおみ》の女子、名刀自古郎女《とじこのいらつめ》」が聖徳太子と婚姻を結び、山代《やましろの》（背）大兄王《おおえのみこ》ら四人を生んだと伝えている。聖徳太子が王族代表として政権中枢にすえられ、斑鳩に転居するにいたった背景には、蘇我馬子の意思を考えないわけにはいかない。太子の仏教指導者に高句麗《こうくり》僧慧慈《そうえじ》を配したのも、馬子の判断からではなかったろうか。百済《くだら》の仏教は、法興寺造営に反映されていた。もう一つの仏教先進国高句麗からの仏教修得、それも聖徳太子にあたえられた課題ではなかったろうか。

　そして六〇七（推古十五）年、「海西の菩薩天子《ぼさつてんし》」のもとに、仏教を学ぶため、数十人の沙門《しゃもん》が遣隋使《けんずいし》小野妹子《おののいもこ》に引きつれられ、海を渡っていった。六二三（推古三十一）年、帰国した恵日《えにち》は、中国で学んだ人びとの召還を提言したあと、「其《か》の大唐国《もろこしのくに》は、法式《のり》備《そなわ》り定まれる珍《たから》の国なり。常に達《かよ》うべし」と、政治制度吸収のため、継続して使者を送ることの重要性を説いている。中国の先進知識を統治技術として吸収することは、第二段階の課題として認識されるにいたったのである。聖徳太子の負った第一段階は、その前段階であった。そこには、全国政権化しつつも、各地の首長《しゅちょう》層の高い自立性を基盤に、首長層から献上された領地・領民にしか直接的支配権をおよぼすことができない、推古期の王権の限界があった。この限界を超えていくための一つの方法、それが、儒教・仏教を修得し、地方首長層に対する高い超越性を中央政府に付与することであった。寺院は、象徴的可視証左としてその威容を誇り、次の段階、すなわち全国土・全人民の中央権力による直接統治への移行をうながす役割を果したのである。

聖徳太子はその基盤を築いた人物として記憶され、また、『日本書紀』編纂時点における皇位継承原則の歴史化のため、皇太子として、儒教・仏教の修得につとめ、卓越した成果を残した人物として記述されることになったのである。

**写真所蔵・提供者一覧**(敬称略, 五十音順)
ウィングス・フォト・エンタープライズ　　カバー表
元興寺・奈良国立博物館　　カバー裏, p. 3
宮内庁　　扉
国立国会図書館　　p. 6
田中俊明　　p. 76
法隆寺・奈良文化財研究所　　p. 79

林屋辰三郎「継体・欽明朝内乱の史的研究」(『古代国家の解体』東京大学出版会, 1955年, 初出は1952年)
藤枝晃「勝鬘経義疏」(『日本思想大系２　聖徳太子集』岩波書店, 1975年)
古市晃「聖徳太子の名号と王宮」(『日本歴史』768, 2012年)
森公章「天皇号の成立をめぐって」(『古代日本の対外認識と通交』吉川弘文館, 1998年)
森公章「平城京左京三条二坊の邸宅と住人」(『長屋王家木簡の基礎的研究』吉川弘文館, 2000年, 初出は1995年)
森公章「倭国から日本へ」(森公章編『日本の時代史３　倭国から日本へ』吉川弘文館, 2002年)
吉村武彦『聖徳太子』岩波新書, 2002年
渡辺茂「古代君主の称号に関する二，三の問題」(『史流』８, 1967年)
渡里恒信「上宮と廐戸」(『古代史の研究』18, 2013年)

## 参考文献


荒木敏夫『日本古代の皇太子』吉川弘文館，1985年
荒木敏夫『日本古代王権の研究』吉川弘文館，2006年
石田尚豊編『聖徳太子事典』柏書房，1997年
石母田正『日本の古代国家』岩波書店，1971年
井上光貞「古代の女帝」（『日本古代国家の研究』岩波書店，1965年，初出は1963年）
今枝愛真「御物聖徳太子像の謎」（『明日香風』6，1983年）
梅原猛ほか編『聖徳太子の実像と幻像』大和書房，2002年
遠藤慶太「入唐僧貞恵と藤原鎌足」（篠川賢・増尾伸一郎編『藤氏家伝を読む』吉川弘文館，2011年）
大山誠一「〈聖徳太子〉研究の再検討」（『長屋王家木簡と金石文』吉川弘文館，1998年，初出は1996年）
大山誠一『〈聖徳太子〉の誕生』吉川弘文館，1999年
大山誠一編『聖徳太子の真実』平凡社，2003年
大山誠一編『日本書紀の謎と聖徳太子』平凡社，2011年
小倉豊文『聖徳太子と聖徳太子信仰』綜藝社，1973年
加藤謙吉「四天王寺と難波吉士」（大山誠一編『日本書紀の謎と聖徳太子』平凡社，2011年）
川口勝康「五世紀の大王と王統譜を探る」（原島礼二ほか編『巨大古墳と倭の五王』青木書店，1981年）
岸俊男「光明立后の史的意義」（『日本古代政治史研究』塙書房，1966年，初出は1957年）
鬼頭清明「法隆寺の庄倉と軒瓦の分布―忍冬唐草文軒平瓦について―」（『古代研究』11，1977年）
黒田裕一「推古朝における『大国』意識」（『国史学』165，1998年）
佐伯有清「聖徳太子の実名『廐戸』への疑問」（梅原猛ほか編『聖徳太子の実像と幻像』大和書房，2002年）
坂本太郎『聖徳太子』吉川弘文館，1979年
佐藤長門「史実としての女帝」（『日本古代王権の構造と展開』吉川弘文館，2009年，初出は2004年）
新川登亀男『聖徳太子の歴史学』講談社，2007年
曾根正人『聖徳太子と飛鳥仏教』吉川弘文館，2007年
武田佐知子『信仰の王権　聖徳太子』中公新書，1993年
東野治之「『続日本紀』と木簡」（『新日本古典文学大系　月報』3，岩波書店，1989年）
東野治之「日出処・日本・ワークワーク」（『遣唐使と正倉院』岩波書店，1992年，初出は1991年）
東野治之「聖徳太子画像の『墨書』」（『書の古代史』岩波書店，1994年，初出は1991年）
遠山美都男『聖徳太子はなぜ天皇になれなかったのか』大和書房，1995年
直木孝次郎「廐戸皇子の立太子について」（『飛鳥奈良時代史の研究』塙書房，1975年，初出は1968年）
成清弘和「大后についての史料的再検討」（『日本古代の王位継承と親族』岩田書院，1999年，初出は1979年）
仁藤敦史『女帝の世紀』角川選書，2006年

| | | | |
|---|---|---|---|
| 609 | 推古17 | 36 | 飛鳥寺の丈六像なる。百済より呉に向かう僧ら肥後国に漂着。小野妹子，隋より帰国［紀］ |
| 610 | 18 | 37 | 高句麗王，僧曇徴・法定を貢上。曇徴，彩色，筆墨製法などを伝える。新羅，任那使人とともに来朝［紀］ |
| 611 | 19 | 38 | 菟田野に薬猟，服色を冠色に従わせ，髻花を着用させる。新羅，任那の調を貢上［紀］ |
| 612 | 20 | 39 | 皇太夫人(欽明妃)堅塩媛を改葬する。百済の人びと来朝，須弥山・呉橋をつくる。また，伎楽を伝える［紀］ |
| 613 | 21 | 40 | 難波より京にいたる大道をつくる。隋の煬帝，高句麗を攻撃。また太子，片岡山で飢者にあい，衣をあたえるという(片岡山飢者伝説)［紀］ |
| 614 | 22 | 41 | 薬猟，犬上御田鍬を隋に派遣。大臣馬子病み，男女1000人を出家させ平癒を願う［紀］ |
| 615 | 23 | 42 | 犬上御田鍬，百済の使者をともない，隋より帰国。高句麗僧慧慈，高句麗に帰る［紀］ |
| 616 | 24 | 43 | 掖玖(屋久島)人，３度にわたり来朝，朴井に安置する。新羅，仏像を貢上［紀］ |
| 618 | 26 | 45 | 高句麗，方物を貢上。河辺臣を安芸の国に派遣し，船をつくらせる［紀］ |
| 620 | 28 | 47 | 檜前陵(欽明陵)を荘厳。太子，馬子とともに天皇記・国記などを録する［紀］ |
| 621 | 29 | 48 | このころ，太子病み，熊凝寺を田村皇子(舒明天皇)に託すという［大］ |
| 622 | 30 | 49 | ２月22日夜半，太子死去。慧慈，その死を悼み，翌年同日に死して太子にあうという。また，太子妃橘大郎女ら天寿国繡帳を作製［帝］(［紀・三］では，621年太子死去し，磯長陵に埋葬されるという。また鬼前太后〈穴穂部間人〉死去という) |
| 623 | 31 | | 新羅，仏像・仏具を貢じ，四天王寺におさめる。恵日ら帰国する。新羅，任那を伐ち，任那，新羅につく。また太子を偲んで，金銅釈迦三尊像を造立という［紀・三］ |
| 624 | 32 | | 僧正・僧都を任じ，僧尼を取り締まる。僧尼の出家の年月日を調査する。寺46，僧816，尼569を数える。馬子，葛城県を要求するが，推古，許さず［紀］ |
| 626 | 34 | | 蘇我馬子死去し，桃原墓に埋葬される。この年，大飢饉起こる［紀］ |
| 639 | 舒明11 | | 舒明，百済川畔に大宮と大寺造営を始め，伊予温湯宮にいく。翌年帰り，廐坂宮にはいる［紀］ |

［出典］　補＝補闕記，帝＝上宮聖徳法王帝説，紀＝日本書紀，隋＝隋書，薬＝法隆寺金堂薬師如来像光背銘，釈＝釈日本紀所引伊予温湯碑文，三＝法隆寺金堂釈迦三尊像光背銘，大＝大安寺縁起。

## 聖徳太子とその時代

| 西暦 | 年号 | 齢 | お も な 事 項 |
|---|---|---|---|
| 574 | 敏達 3 | 1 | 太子誕生[補・帝] |
| 577 | 6 | 4 | 日祀部・私部をおく。百済，造仏工・造寺工らを送る[紀] |
| 581 | 10 | 8 | 隋建国[隋] |
| 586 | 用明元 | 13 | 穴穂部皇子，推古を姧《おか》そうとする。用明，病気平癒を願って薬師仏造立を発願するという[紀・薬] |
| 587 | 2 | 14 | 穴穂部皇子殺される。用明，病気平癒のため，仏教帰依を群臣にはかるが病死。蘇我馬子，物部守屋討滅(丁未の役)。太子，守屋討滅に従軍する[紀] |
| 588 | 崇峻元 | 15 | 百済，寺工・鑪盤博士・瓦博士を送る。馬子，法興寺建立に着手[紀] |
| 590 | 3 | 17 | 高句麗，隋に入貢，上開府儀同三司遼東郡公に叙爵される[隋] |
| 592 | 5 | 19 | 馬子，東漢直駒に崇峻を殺させる[紀] |
| 593 | 推古元 | 20 | 推古即位，聖徳太子を皇太子とするという。法興寺塔建設開始。また四天王寺造営という[紀] |
| 594 | 2 | 21 | 三宝興隆詔を発する。新羅，隋に入貢，上開府楽浪郡公に叙爵される[紀・隋] |
| 595 | 3 | 22 | 高句麗僧慧慈，百済僧慧聡来朝[紀] |
| 596 | 4 | 23 | 太子，恵総らと伊予温湯に遊行[釈] |
| 598 | 6 | 25 | 隋の文帝，高句麗攻撃に失敗。新羅，孔雀を貢進[隋・紀] |
| 600 | 8 | 27 | 新羅，任那と交戦。倭国，隋都大興城(長安)に遣使[紀・隋] |
| 601 | 9 | 28 | 太子，斑鳩宮造営着手。新羅攻撃の計画立案，高句麗・百済に遣使[紀] |
| 602 | 10 | 29 | 来目皇子，撃新羅将軍に就任，筑紫にいたり，病気にかかる[紀] |
| 603 | 11 | 30 | 来目皇子病死，当摩皇子征新羅将軍に就任するも，攻撃中止。推古，小墾田宮に遷る。冠位十二階制定[紀] |
| 604 | 12 | 31 | 太子，憲法十七条をつくるという。朝礼を改定，跪伏礼を採用[紀] |
| 605 | 13 | 32 | 推古，丈六像造立を鞍作鳥に命じる。高句麗，丈六像のための黄金を献上。太子，斑鳩宮に遷る[紀] |
| 606 | 14 | 33 | 太子，勝鬘経・法華経を講説するという。推古，播磨国の水田100町を賜わり，太子，斑鳩寺におさめる[紀] |
| 607 | 15 | 34 | 壬生部を定める。推古，神祇奉祀を指示。小野妹子を隋に派遣。また推古・太子，用明発願の薬師像を完成させるという[紀・薬] |
| 608 | 16 | 35 | 小野妹子，隋より帰国，隋使裴世清来日。妹子，隋使を送り，学生・学問生８人をつれて隋に渡る[紀] |

大平 聡(おおひら さとし)
1955年生まれ
東京大学大学院人文科学研究科国史学専門課程博士課程単位取得退学
専攻,日本古代史
現在,宮城学院女子大学学芸学部人間文化学科教授
主要論文
「女帝・皇后・近親婚」
(鈴木靖民編『日本古代の王権と東アジア』吉川弘文館2012)
「古代の政治思想」
(宮地正人ほか編『新体系日本史4　政治社会思想史』山川出版社2010)
「ワカタケル—倭の五王の到達点」
(鎌田元一編『日本古代の人物1　日出づる国の誕生』清文堂出版2009)
「古代における王権」(大津透編『王権を考える』山川出版社2006)
「『中皇命』と『仲天皇』」(吉田晶編『日本古代の国家と村落』塙書房1998)

日本史リブレット人 004
聖徳太子《しょうとくたいし》
倭国の「大国」化をになった皇子

2014年4月25日　1版1刷　発行
2019年10月25日　1版3刷　発行

著者：大平《おおひら》 聡《さとし》

発行者：野澤伸平

発行所：株式会社 山川出版社

〒101－0047　東京都千代田区内神田1－13－13
電話　03(3293)8131(営業)
03(3293)8135(編集)
https://www.yamakawa.co.jp/
振替　00120-9-43993

印刷所：明和印刷株式会社

製本所：株式会社 ブロケード

装幀：菊地信義


Printed in Japan ISBN 978-4-634-54804-6

# 日本史リブレット 人

1 卑弥呼と台与——仁藤敦史
2 倭の五王——森　公章
3 蘇我大臣家——佐藤長門
4 聖徳太子——大平　聡
5 天智天皇——須原祥二
6 天武天皇と持統天皇——義江明子
7 聖武天皇——寺崎保広
8 行基——鈴木景二
9 藤原不比等——坂上康俊
10 大伴家持——鐘江宏之
11 桓武天皇——西本昌弘
12 空海——曾根正人
13 円珍と円仁——平野卓治
14 菅原道真——大隅清陽
15 藤原良房——今　正秀
16 宇多天皇と醍醐天皇——川尻秋生
17 平将門と藤原純友——下向井龍彦
18 源信と空也——新川登亀男
19 藤原道長——大津　透
20 清少納言と紫式部——丸山裕美子
21 後三条天皇——美川　圭
22 源義家——野口　実
23 奥州藤原三代——斉藤利男
24 後白河上皇——遠藤基郎
25 平清盛——上杉和彦
26 源頼朝——高橋典幸
27 重源と栄西——久野修義
28 法然——平　雅行
29 北条時政と北条政子——関　幸彦
30 藤原定家——五味文彦
31 後鳥羽上皇——杉橋隆夫
32 北条泰時——三田武繁
33 日蓮と一遍——佐々木馨
34 北条時宗と安達泰盛——福島金治
35 北条高時と金沢貞顕——永井　晋
36 足利尊氏と足利直義——山家浩樹
37 後醍醐天皇——本郷和人
38 北畠親房と今川了俊——近藤成一
39 足利義満——伊藤喜良
40 足利義政と日野富子——田端泰子
41 蓮如——神田千里
42 北条早雲——池上裕子
43 武田信玄と毛利元就——鴨川達夫
44 フランシスコ＝ザビエル——浅見雅一
45 織田信長——藤田達生
46 徳川家康——藤井讓治
47 後水尾天皇と東福門院——山口和夫
48 徳川光圀——鈴木暎一
49 徳川綱吉——福田千鶴
50 渋川春海——林　淳
51 徳川吉宗——大石　学
52 田沼意次——深谷克己
53 遠山景元——藤田　覚
54 酒井抱一——玉蟲敏子
55 葛飾北斎——小林　忠
56 塙保己一——高埜利彦
57 伊能忠敬——星埜由尚
58 近藤重蔵と近藤富蔵——谷本晃久
59 二宮尊徳——舟橋明宏
60 平田篤胤と佐藤信淵——小野　将
61 大原幽学と飯岡助五郎——高橋　敏
62 ケンペルとシーボルト——松井洋子
63 小林一茶——青木美智男
64 鶴屋南北——諏訪春雄
65 中山みき——小澤　浩
66 勝小吉と勝海舟——大口勇次郎
67 坂本龍馬——井上　勲
68 土方歳三と榎本武揚——宮地正人
69 徳川慶喜——松尾正人
70 木戸孝允——一坂太郎
71 西郷隆盛——德永和喜
72 大久保利通——佐々木克
73 明治天皇と昭憲皇太后——佐々木隆
74 岩倉具視——坂本一登
75 後藤象二郎——鳥海　靖
76 福澤諭吉と大隈重信——池田勇太
77 伊藤博文と山県有朋——西川　誠
78 井上馨——神山恒雄
79 河野広中と田中正造——田崎公司
80 尚泰——川畑　恵
81 森有礼と内村鑑三——狐塚裕子
82 重野安繹と久米邦武——松沢裕作
83 徳富蘇峰——中野目徹
84 岡倉天心と大川周明——塩出浩之
85 渋沢栄一——井上　潤
86 三野村利左衛門と益田孝——森田貴子
87 ボアソナード——池田眞朗
88 島地黙雷——山口輝臣
89 児玉源太郎——大澤博明
90 西園寺公望——永井　和
91 桂太郎と森鷗外——荒木康彦
92 高峰譲吉と豊田佐吉——鈴木　淳
93 平塚らいてう——差波亜紀子
94 原敬——季武嘉也
95 美濃部達吉と吉野作造——古川江里子
96 斎藤実——小林和幸
97 田中義一——加藤陽子
98 松岡洋右——田浦雅徳
99 溥儀——塚瀬　進
100 東条英機——古川隆久

〈白ヌキ数字は既刊〉